바이블
Q&A

Practical and Perplexing
Questions Answered
by R. A. Torrey

바이블 Q&A

초판 발행 2021년 10월 1일
초판 3쇄 2024년 3월 18일

지은이 루벤 아처 토레이
옮긴이 박하람

발행처 하나님의 사람들

등록 2020년 3월 3일(제409-2020-000015호)
주소 인천광역시 서구 매밭로 130(22870)
전화 070-7785-7425 | **팩스** 0504-088-7425

홈페이지 www.mogpublisher.com
이메일 support@mogpublisher.com

값은 뒤표지에 있습니다.
ISBN 979-11-91542-13-4

저자가 원저작물에서 제임스왕역 성경(KJV)을 사용했기에 해당 성경의 한글 판본으로 한글킹제임스성경을 인용했습니다. 출판사는 원저작물에 인용한 성경이 한국어로 번역된 경우 관련 판본을 사용하나, 이는 출판사의 입장을 대변하지 않습니다.

바이블 Q&A

루벤 토레이 지음 | 박하람 옮김

차 례

PART 1. 성경과 기초 교리

PART 2. 신앙/교회생활

PART 3. 죄와 형벌

PART 4. 마귀와 세상

PART 5.
하나님, 그리스도, 성령

PART 6.
일상과 가정

PART 7.
과거, 현재, 미래

PART 1.
성경과 기초교리

1. 성경 - 17. 선행

1. 성경 Bible

Q. 성경의 축자영감 verbal inspiration 을 믿으시나요?

A. 네. 믿습니다. 그 이유는 성경을 기록한 다양한 사람들이 성령의 인도를 받았다고 믿기 때문입니다. 표현에 담겨있는 생각뿐만 아니라 그 생각을 표현한 단어 선택에도 말이지요.

오직 하나님의 거룩한 사람들이
성령으로 감동을 받아 말한 것이니라. 벧후 1:21

말씀하신 것은 성령님이었습니다. 성경의 말씀은 그분이 말씀하신 것입니다. 삼하 23:2, 히 3:7~8, 10:15~16, 행 28:25 성경을 기록한 사람들이 쓴 모든 단어는 성령께서 생각으로 넣어주신 단어였습니다. 바울의 표현보다 더 명확한 표현이 없네요.

또한 우리가 그것들을 말하되
인간의 지혜가 가르치는 말로 하지 아니하고
성령께서 가르치시는 말로 하나니 고전 2:13

성령님은 사람들이 자신의 작품에 관해 새롭고 기발하면서도 성경에 반하는 오류를 주장할 것을 알고 계셨습니다. 더 찬찬히, 세심히 성경의 문장에 사용된 단어를 연구해보면 그분의 생각을 드러내는 용어들이 얼마나 경이로울 만큼 정확한지 알게 될 것입니다. 성경을 그저 피상적으로 공부하는 사람이라면 축자영감을 의심하고 어불성설로 치부하겠지만, 거듭난, 성령이 거하시는 사람이라면 매일, 매년 성경의 말씀을 숙고할 때마다 점점 더 말씀 그 자체와 그 말씀에 담긴 생각에서 하나님의 지혜를 알게 될 겁니다.

성경을 읽으며 품게 되는 의문은 대부분 거기에 사용된 말을 자세히 살펴보면 풀립니다. 단어나 철자, 시제, 격, 단/복수, 시점의 변화 등이 모순 같이 틀린 듯 보일 수 있습니다. 하지만 성경을 기록된 그대로 보면 모든 의문이 풀립니다. 진리가 빛을 발하지요. 성경을 미시적으로 공부하면 할수록 말씀 그대로의 완전한 형태를 보게 되어 본래의 거룩한 빛이 명확히 보일 겁니다.

Q. 성경의 모든 부분이 동일한 하나님의 영감으로 기록된 건가요?

A. 모든 성경은 하나님의 영감으로 기록되었습니다. 딤후 3:16 이는 다른 성경 판본도 동일하게 보증하는 엄연한 사실입니다. 맨 처음 기록된 성경은 무오한 진리임이 틀림없습니다. 제가 쓰는 영어 성경 KJV 역시 그 원문에서 상당히 정확하게 번역된 성경입니다. 하지만 성경의 모든 부분이 동일한 중요성을 지녔다고 할 수

는 없겠지요. 실례로 역대기상 1~9장은 다수가 생각하는 것보다 훨씬 중요한 부분입니다. 하지만 오늘날의 그리스도인에게 복음서나 다른 신약 성경 정도만큼 중요하지는 않습니다.

Q. 성경의 저자가 성령이라면 각 성경의 문체와 표현은 어떻게 설명할 겁니까? 바울은 늘 바울 같은 문체를, 요한은 늘 요한 같은 문체를 쓰는데 말입니다.

A. 설령 우리가 이 문제를 설명하지 못한다 해도 하나님의 말씀에 담긴 진술이 불명확한 것은 아닙니다. 정보가 조금만 더 있었더라면 설명할 수 있을 듯 싶은 여러 문제가 상당수임을 아는 현명한 사람이라면 이런 종류의 지적에 놀라진 않습니다. 사실 문체나 표현의 변화는 설명하기 매우 쉽습니다. 답은 이렇습니다. 성령님은 어느 사람을 통해서든 말로 진리를 드러내는 능력이 부족하시지 않습니다. 특정 사람의 어휘력에 담긴 표현 형식, 단어, 문장과 익숙한 특유의 사고방식에 제한받지 않으시지요. 각자의 독특한 개성을 전부 사용하십니다. 이렇게나 다양한 문체와 표현이 완벽한 정확성으로 같은 진리를 드러낸다는 것이 성경에 담긴 지혜의 표식 중 하나입니다.

Q. 성경이 문자 그대로 영감을 받은 것이라면 어떻게 복음서에 등

장하는 예수님의 말과 다른 사람의 말이 정확하게 일치하지 않는 건가요? 같은 사건을 다르게 설명하는 것까지는 이해가 가지만, 마태복음과 다른 복음서에서 예수님의 말이 달리 기록된 건 축자영감이 틀렸다는 증거 같습니다. 갈라디아서 3장 16절을 보면 표현의 중요성을 매우 강조하지 않습니까?

이제 그 약속들은 아브라함과 그의 씨에게 하신 것인데
많은 사람을 가리켜 씨들이라고 말씀하지 아니하시고
한 사람을 가리켜 너의 씨라고 말씀하셨으니
그는 그리스도시라.

A. 복음서를 기록한 제자들은 정확한 인용이 필요할 때 정확하게 인용했습니다. 어떤 사람이 말한 실체를 언급하는 것이라면 구태여 정확하게 인용할 필요는 없습니다. 하지만 예수님의 말씀을 정확하게 기록할 때도 항상 말씀하신 전부를 기록하지 않았습니다. 마태복음은 그중 일부를, 마가복음은 다른 일부를 기록하기도 했지요. 예수님이 하신 말씀을 전부 알고 싶다면 복음서의 기록을 합쳐보세요. 마태는 자신이 쓴 책의 목적에 맞춰 인용했고 누가 역시 동일합니다. 이런 구성의 인용은 복음서가 서로 독립적으로 기록되었으며 저자들이 함께 모여 공모하지 않았다는 여러 부수적인 증거 중의 하나입니다.

또 잊지 말아야 할 점이 있습니다. 마태와 누가가 기록한 예수님의 말씀은 원래 아람어로 얘기한 내용을 그리스어로 옮긴 것입니다. 마태, 마가, 누가가 기록한 말은 대개 예수님이 아람어로 한 말이고 요한이 기록한 말은 대부분 예수님이 그리스어로 한 말을 실었다고 추측하는 근거가 있습니다. 예수님이 활동하던 당시 팔레스타인 사람들은 2개 국어를 사용했다는 점을 놓치지 말아야 합니다.

Q. 성경 공부에 관심 없는 사람에게 어떻게 흥미를 갖도록 하겠습니까?

A. 우선 저라면 그 사람이 예수 그리스도를 구주로 영접하도록 하겠습니다. 그러고 나서 성경이 하나님의 말씀이며 말씀을 공부해야만 은혜 안에서 강해지고 성장한다는 걸 설명하겠습니다. 간단한 성경 공부 방법을 설명한 뒤 첫발을 떼도록 해보고요. 구원받은 사람이 성경 공부에 관심을 보이게 하는 건 우선 시작해 보게 하는 겁니다. 공부할수록 더 하고 싶어 할 겁니다.

Q. 이제 막 예수님을 믿은 사람은 성경의 어느 부분을 먼저 읽거나 공부해야 하나요?

A. 먼저 요한복음을 읽으세요. 성경에서 가장 심도 있는 책일 뿐만 아니라 초신자가 얻을 수 있는 것이 많습니다. 요한복음의 기록

목적은 사람들이 **예수가 그리스도, 곧 하나님의 아들**이라는 점을 믿게 하려는 겁니다.요 20:31 이제 막 거듭난 사람이라면 그리스도이자 하나님의 아들인 예수님 안에 믿음을 굳건히 내리고 이해하는 것이 가장 먼저 필요합니다.

요한복음 다음에는 마가복음을 추천합니다. 이후에 누가복음, 마태복음 순서로 읽어보세요. 복음서를 다 읽었다면 사도행전과 로마서를 공부하기를 권장합니다. 여기까지 했다면 신약 성경을 처음부터 공부해보세요.

2. 대속 Atonement

Q. 성경이 말하는 대속 대신 속죄함 **의 이론은 무엇인가요?**

A. 성경은 대속의 이론이 아니라 우리 죄가 예수 그리스도께 전가되었다는 사실을 말합니다. 사 53:6, 고후 5:21, 갈 3:13, 벧전 2:24 예수 그리스도가 우리의 죄를 감당했다는 사실은 단순히 모든 죄가 용서받았다는 뜻이 아니라 의롭게 되었다는 용서 그 이상의 의미를 지닙니다. 성경은 예수님이 우리 죄를 제거하였기에 그분을 믿는 순간 하나님 앞에 무결한 존재가 된다고 말하지요. 우리는 **그 안에서 하나님의 의**가 됩니다. 고후 5:21 더는 추하고 보잘것 없는 내 의가 아니라 그리스도 안에 있는 완벽한 하나님의 의를 얻는 것이지요. 빌 3:9

Q. 어떻게 하나님이 인간의 죄를 위해 죄 없는 아들을 벌할 수 있는 겁니까?

A. 성경의 교리는 하나님께서 사람의 죄를 가져가 제삼자인 그분의 아들에게 주었다고 말하지 않습니다. 흔히 이렇게들 오해하나 이는 그분이 제물로 드려졌다는 교리를 거부하는 사람들의

표현입니다. 그리스도께서는 우리를 대신하여 우리가 죽어야 했던 그 십자가에서 고통받고 돌아가셨습니다.

성경은 그리스도를 제삼자가 아니라 하나님 그분이라고 말합니다.

하나님께서 그리스도 안에 계셔서
세상을 자신과 화해하게 하시며 고후 5:19

우리를 대속하기 위한 아들의 죽음은 인간의 죄를 어떤 다른 존재에게 전가한 것이 아니라 하나님 자신이 직접 수치와 고통을 당하신 겁니다. 불의와 잔인과는 정반대이지요. 얼마나 놀라운 은혜입니까!

예수님은 또한 두 번째 신격입니다. 단순히 한 사람이 아니라 인자 Son of Man 로서 사람을 대표하는 분이지요. 보통의 사람이라면 다른 사람의 죄를 질 수 없겠지만 예수님은 인자이기에 가능합니다.

성경의 가르침을 일부분이 아닌 전체로 수용한다면 지금껏 만나보지 못한 가장 놀라운 철학에 눈을 뜰 겁니다. 영원을 관통하는 무궁무진한 깊이에 감탄하며 숙고하게 되겠지요. 하지만 성경의 전체 중 일부만 믿으면 다른 모든 교리가 부질없는 것이 됩니다. 예수 그리스도의 신성이라는 교리를 믿지 않으면 대속의 교리 역시 아무런 의미가 없으며 자연스럽게 답할 수 없는 여러 의문이 수면 위로 떠오르겠지요. 반대로 그리스도께서 실제로 사람의 몸을 입고 나타나셨음을 믿지 않으면 대속에 담긴 심오한 중요성은 그 가치를 잃습니다. 성경에 기록되어 있는 그대로 예수 그리스도께서 거룩한 분, 곧 하나님께서 육신으로 나타나신 분딤전 3:16이며 그저 한 사람이 아니라 인자라는 참 사람이었다는 사실을 믿으세요. 그러면 대속의 교리에 답하지 못할 의문은 없습니다. 오히려 진리의 깊이가 얼마나 대단한지 깨달을 겁니다.

예수님께서 희생 제물이 되었다는 교리에 반대하는 이들이 이 점에 관해 성경의 교리를 얼마나 잘 알지는 모르겠습니다. 실상 이들은 성경이 가르치는 바에 맞선다기보다 자신의 무지한 허상과 힘을 겨루고 있습니다.

3. 구원의 확신 Assurance of Salvation

Q. 구원받았다고 말할 수 있는 권리는 무엇인가요?
나의 구원을 확증하는 것은 무엇인가요?

A. 정말 구원받은 사람이라면 하나님의 말씀이 지닌 권위를 통해 그 사실을 알 겁니다. 요한복음 3장 36절을 보세요. '**아들을 믿는 자는 영생을 가졌고**' 하나님의 아들을 믿는지 아닌지는 본인이 압니다. 그분을 믿는다면 성경이 여러 구절을 통해 영원한 생명을 약속하기에 구원받았다는 사실을 압니다.

요한일서 5장 11~12절은 이렇게 강조합니다. **또 증거는 이것이니, 하나님께서 우리에게 영생을 주신 것과, 이 생명이 그의 아들 안에 있다는 것이라. 그 아들이 있는 자는 생명이 있고 하나님의 아들이 없는 자는 생명이 없느니라.** 요일 5:11~12

예수 그리스도를 믿으면서도 그 구원을 의심한다면 하나님을 거짓말쟁이로 만드는 겁니다. 바로 앞 구절인 10절에서 이렇게 말하지요. **하나님을 믿지 아니하는 자는 하나님을 거짓말쟁이로 만드나니 이는 하나님께서 그 아들에 관하여 주신 증거를 믿지 아니하기 때문이라.** 요일 5:10

또한 예수님을 구주로, 왕이자 주인으로서 받아들이면 자신이 하나님의 자녀라는 것도 압니다. 요한복음 1장 12절은 이렇게 말합니다. **그러나 누구든지 그를 영접한 사람들에게는 하나님의 아들들이 되는 권세를 주셨으니**요 1:12 예수님을 믿는다면 스스로 하나님의 자녀라고 부를 권리가 있습니다. 내가 하나님의 자녀라는 사실을 의심하지 마세요.

예수님을 믿는 사람이라면 자신이 의로워졌다는 걸 알 권리가 있습니다. 내 죄가 용서받았고 하나님께서 나를 그리스도 안에서 의로워졌다고 여긴다는 사실을요. 그렇게 확신할 수 있는 근거는 최고의 권위를 지닌 하나님께서 그렇다고 말씀하기 때문입니다.

그러므로 형제들아, 너희가 알 것은 이분을 통하여
너희에게 죄들의 사함이 선포되었으며
너희가 모세의 율법으로는 의롭게 되지 못하였던
그 모든 일에 있어서도 믿는 자는 모두 그분을 통하여
의롭게 된다는 것이니라.행 13:38~39

"믿는 자는 모두 그분을 통하여 의롭게 된다"라는 표현에 주목하세요. 그분을 믿는지, 믿지 않는지는 여러분이 압니다. 예수님을 믿는다면 하나님은 그 사람이 의로워졌다고 선언하세요. 많은 사람이 구원을 의심하는 건 성경의 말씀보다는 느낌에 치중하기 때문입니다. 구원은 여러분이 하나님의 자녀가 된 듯한 '느낌'과 전혀 상관없습니다. 하나님께서 이미 그렇다고 말씀하셨어요. 이 말씀보다 느낌에 치중하면 내 느낌 때문에 하나님을 거짓말쟁이로 만드는 겁니다.

하나님은 요한일서를 기록하여 하나님의 아들을 믿는 사람이 영생을 가졌다는 점을 일깨워주려고 하십니다. **내가 하나님의 아들의 이름을 믿는 너희에게 이런 것들을 씀은 너희에게 영생이 있음을 알게 하려 함이며**요일 5:13 하나님께서 이 사실을 알려주려고 성경을 쓰셨으니 우리는 분명 알 수 있습니다. 위 구절이 알려주는 바와 같이 우리는 '기록된' 말씀에서 이 사실을 압니다. 우선 확인할 부분은 내가 정말로 예수님을 믿는가, 즉 그분을 구주로 받아들이고 내 삶의 주인이자 스승으로 인정하며 공개적으로 그분을 믿는다고 고백하는가를 점검하세요. 여러분이 정말 그러하다면 자신의 구원을 절대적으로 확신해도 좋습니다. 영원한 생명을 소유했으며 죄는 전부 용서받았고 하나님의 자녀라는 사실을 말입니다.

4. 침례 Baptism

Q. 구원을 받으려면 꼭 침례 세례 를 받아야 하나요?

A. 그건 '구원', '침례'라는 단어를 어떤 의미로 썼는지에 따라 다릅니다. 분명히 십자가에 매달렸던 강도처럼눅 23:29~43 물로 침례를 받지 않고서 죄를 용서받고 영원한 생명을 얻은 사람도 있습니다. 실제로 침례를 아예 주지 않는 교파가 있습니다. 퀘이커 교도들이 그렇지요. 이들은 침례를 받지는 않으나 죄의 용서와 성령의 내주가 구원에 대한 보장임을 압니다.

하지만 성경에서 '구원'이라는 용어가 단순히 죄의 용서와 영원한 생명에 관해서만 쓰이는 것은 아닙니다. 그리스도 안에서 찾을 수 있는 모든 축복같이 넓은 개념으로도 쓰이지요. 확실한 건 그리스도께 온전히 복종하지 않고는 그 충만한 복을 다 받을 수 없습니다.행 5:32 그리스도께서 그분이 우리에게 명령한 계명 중 순종하지 않은 부분을 알게 되신다면 분명 예수님과 나눈 교제의 충만한 기쁨을 누리지 못할 겁니다. 예수 그리스도께서 직접 침례를 명령하셨습니다.마 28:19 제자들에게도 받으라고 하셨지요.행 2:38 따라서 그리스도의 명령에 따라 받는 침례는 넓은 의미로 그분을 믿는 사람에게 명령한 구원에 순종하는 겁니다. 침례를 받자 인생의 전환을 맞은 여러 형제, 자매가 있습니다.

침례는 예수 그리스도께 내 의지를 다해 순종하는 행위이며 큰 축복이 뒤따릅니다.

'침례를 받아라, 물로 침례를 받아라.'는 이 계명이 담긴 성경 구절을 보지는 못했어도 진심으로 그리스도를 믿는 사람 역시 있을 겁니다. 이런 경우에 고의로 침례를 받으라는 명령을 거부한 건 아니겠지요. 저로서는 대쪽같이 신약 성경의 가르침을 공부하는 사람이 물로 받는 침례의 필요성을 이해하지 못하는 이유를 잘 모르겠습니다. 그래도 퀘이커 교도 같은 부류의 사람을 만나본 결과 이들 대부분 역시 분명한 그리스도인은 맞았습니다. 침례에 순종하지는 않았지만 하나님의 자녀라는 건 확실히 알 수 있었으니까요.

Q. 고린도전서 15장 29절을 설명해주세요.

만일 죽은 자들이 도무지 살아나지 못한다면
죽은 자들을 인하여 침례를 받은 사람들은 무슨 일을 하겠느냐?
어찌하여 그들이 죽은 자들을 인하여 침례를 받겠느냐?

A. 바울이 살던 시대에는 어떤 이유에서인지 잘 모르겠으나 죽은 사람을 대신해서 침례를 받았던 관습이 있던 모양이었나 봅니다. 위 구절은 이런 관습에 대한 언급일 뿐입니다. 성경이 명하거나 승인한 관습은 명백히 아닙니다.

바울이 이 구절에서 말하는 바는 죽은 자를 대신하여 침례를 받으라는 뜻이 아닙니다. 그런 관습이 존재했다는 것을 언급하며 그런 관례를 행하는 사람들에게 죽은 자의 부활을 믿는다면 그건 아무런 의미가 없음을 말하려는 것이지요.

죽은 자를 위한 침례가 한때 있었으나 이는 이교도 사이에서만 있는 일이었습니다. 교회는 이를 승인하지 않았습니다. 교회시대 초기에는 많은 관습이 교회 안에 스며들어 왔습니다. 하나님이 말씀하신 내용도 아니었고 사도들이 지지하지 않았던 관습이지요. 우리는 이런 관습을 따르지 말아야 합니다. 몰몬교도들은 지금도 이런 관습을 지킵니다. 이들은 위 구절을 그 근거로 제시하는데 이 구절은 전혀 그런 의미가 아닙니다. 바울이 이 관습을 따르라고 말하려던 것이었다면 확신컨대 이 구절에서 말한 것보다 추가적인 설명을 덧붙였을 겁니다. 이 구절을 찬찬히 보면 바울이 승인은커녕 금지하고 있음을 알 수 있습니다. 이렇게 말하기 때문이지요. **죽은 자들을 인하여 침례를 받은 사람들은 무슨 일을 하겠느냐**? 바울은 **사람들**이라는 표현을 통해 자신은 그런 무리의 일원이 아니며 죽은 자를 위해 침례를 받는 무리와 동떨어진 제삼자의 입장을 고수합니다.

5. 사후 세계 Afterlife

Q. 죽으면 혼은 어떻게 되나요? 죽으면 혼이 곧장 하늘나라 혹은 지옥으로 가는 건지 아니면 그 사이의 중간 단계가 있는 건지 궁금합니다.

A. 그리스도인이라면 죽는 즉시 혼이 지상을 떠나 그리스도와 함께 거합니다. 이는 세상에서의 삶보다 훨씬 낫지요. 빌 1:23 몸에서 떠나 주님과 함께 있는 것이 훨씬 좋은 겁니다. 고후 5:8 하지만 그리스도인의 복은 이것으로 끝이 아닙니다. 최후에 우리의 혼은 지금 같은 몸이 아니라 부활한 몸을 새로 입습니다. 고후 5:1~4 예수 그리스도께서 공중에 오시면 먼저 죽은 성도들이 새로운 몸을 입고 눈 깜짝하는 사이 우리의 몸도 변합니다. 죽을 수밖에 없는 몸이 불멸의 몸으로 바뀌는 것이지요. 살전 4:15~17, 고전 15:51~53

한편 거듭나지 않은 사람이라면 죽는 즉시 형벌의 장소인 지옥으로 갑니다. 죄인은 그곳에서 큰 고통을 당하지요. 눅 16:19~23 하지만 이 역시 죄인의 최후는 아닙니다. 천년왕국*이 끝나갈 때 즈음 지옥에 있는 죄인을 모두 소환해 하나님의 백보좌 White

* 천년왕국이란 예수 그리스도께서 다시 세상에 오신 뒤에 1,000년 동안 펼쳐지는 통치를 말합니다.

Throne 앞에서 최종 판결을 받게 됩니다.계 20:11~15, 21:8 이로써 죄인은 최종적으로 영원한 멸망에 이르지요.

예수 그리스도를 믿어 거듭난 사람은 그분이 다시 오실 때 영광스러운 부활의 몸을 입고 성령이 내주하는 완벽한 상태가 되어 모든 기쁨에 동참할 겁니다. 반대로 죄인은 잃어버린 혼으로서 모든 비극에 동참하게 되고요.

Q. "믿음으로 의롭게 된다"는 것이 무슨 뜻인가요? 믿음이 구원의 유일한 조건이라는 건가요?

A. 신약 성경에서 '의롭게 하다.'라고 번역한 그리스어는 본래 '옳게 만들다.'라는 뜻에서 파생했습니다. 하지만 그리스어에서 이런 의미로 사용하는 경우는 매우 드물고 신약 성경에서는 더더욱 아닙니다. 성경의 '의롭게 하다.'라는 표현은 '옳게 만들다.'라는 뜻이 아니라 '옳다고 여기다, 선언하다, 혹은 드러내다.'라는 의미입니다. 하나님이 어떤 사람을 의롭다고 생각하여서 그 사람이 하나님 앞에 의로워졌다면, 이는 하나님이 그의 죄를 용서하셨을 뿐만 아니라 '의문의 여지 없이' 전부 의롭다고 여기신다는 뜻이지요. 따라서 하나님이 우리를 의롭게 하신다면 우리가 그분께 지었던 죄를 씻는 건 물론이요 우리가 마땅히 해야 했지만 하지 못한 선한 일 부작위의 죄 에 대해서도 신용을 베푸시는 겁니다.

사람이 하나님 앞에서 의로워지는 조건은 하나입니다. 바로 예수 그리스도를 믿는 것입니다.롬 3:26, 4:5, 5:1, 행 13:39 그분이 흘린 피는 의롭게 되는 근간이며 그저 그분이 우리를 위해 피를 흘리셨다는 사실을 믿기만 하면 됩니다. 예수님의 피가 의롭게 되는 조건입니다. 그분을 믿으면 실제로 의롭게 됩니다. 믿음이 예수 그리스도의 피에 담긴 속죄의 능력을 발휘하게 하는 유일한 수단입니다. 믿지 않으면 의롭게 될 방법이 전혀 없습니다.

믿으면 그 순간 **모든 것**이 용서받습니다.행 13:38~39 하나님의 시야에 있던 모든 죄와 더불어 하나님이 알고 계시던 죄도 사라지고 예수 그리스도의 의가 죄를 대신합니다. 예수님이 갈보리 십자가에서 숨을 거두셨을 때 우리의 자리를 대신하셨으며갈 3:10,13 그분을 믿을 때 예수님이 하나님께 의로운 것처럼 우리 역시 그분과 같은 위치에 발을 들입니다.

Q. 믿고 싶은데 믿지를 못하겠습니다. 하나님께서 내가 할 수 없는 일로 책망하실까요?

A. 물론 하나님은 여러분이 할 수 없는 일을 갖고서 나무라지는 않습니다. 그럼에도 불구하고 여러분은 믿을 수 있습니다. 누구나 믿을 수 있습니다. 성경이 하나님의 말씀이며 예수 그리스도가 하나님의 아들이라는 증거는 무수히 많습니다. 진정 진리를 알고 진리에 순종하고 싶은 사람이라면 누구든 확신할 만큼 많습니다.

제가 쓴 〈강력한 믿음〉에 성경은 하나님의 말씀이며 예수 그리스도가 하나님의 아들이라는 결정적 증거를 담았습니다. 하지만 이런 증거를 책을 읽어야만 알 수 있는 건 아닙니다. 성경 자체에 그 증거가 수두룩합니다. 요한복음 20장 31절을 보세요.

다만 이것들을 기록한 것은 너희로 예수가 그리스도,
곧 하나님의 아들이심을 믿게 하려는 것이요,
또 믿음으로써 그의 이름을 통해 생명을 얻게 하려 함이라.

이 구절에서 생명은 예수 그리스도를 믿어야 얻는다는 사실을 봅니다. 하나님의 아들인 그분을 믿는다는 점은 성경의 기록만 살펴보아도 압니다. 요한복음을 제대로 읽으면 다 읽기도 전에 예수님이 그리스도이자 하나님의 아들이라는 사실을 알고 믿을 겁니다. 그렇게 믿어서 생명을 얻습니다.

그렇다면 성경을 어떻게 읽어야 할까요?

1. 내 뜻을 하나님께 드려라.

예수님은 이렇게 말씀했습니다. **만일 누구든지 그분의 뜻을 행하려고 한다면, 그 교리가 하나님으로부터 온 것인지 아니면 내가 내 자신에 관하여 말하는 것인지 알게 되리라.**요 7:17 요한복음을 읽고 또 읽었는데도 예수님이 그리스도이자 하나님의 아들이라는 사실을 믿지 않았다면 본인의 뜻을 포기하지 않은 채 읽은 겁니다. 하지만 아무런 계산 없이 우선 하나님께 내 뜻을 드리면 요한복음을 다 읽기 전에 예수님이 그리스도임을 알게 됩니다.

2. 성경을 읽을 때마다 하나님을 바라보고 읽으려는 구절에 담긴 진리를 보여달라고 구하라.

그런 후에 하나님이 드러내는 것은 진리라는 점을 인정하겠다고 고백하세요. 한 번에 너무 많은 구절을 읽으려 하지 말고 읽으면서 주의를 기울여 보세요. 진리를 습득하고 진리에 순종하려는 진심으로 읽으세요. 복음서를 다 읽을 때 즈음이면 분명 믿을 수 있을 겁니다. 이미 믿고 있을 거예요.

사람들이 믿지 못하는 이유는 이렇습니다.

① 믿는 대로 살지 않아서
② 믿으라고 준 증거를 읽지 않아서
③ 하나님께 자신의 의지를 내어드리지 않아서

성경은 치워두고 온갖 종류의 책을 읽으며 "믿지를 못하겠어!"라고 말합니다. 이건 마치 음식 대신 독을 먹고서 건강이 나빠졌다고 투정 부리는 것과 같습니다. 예수 그리스도가 하나님의 아들이라는 증거는 차고 넘치며 의지를 사용해 이 증거를 믿으면 되는데 말이지요. 결국 의지의 문제입니다. 못 믿겠다는 건 이런 많은 증거를 믿지 않는 겁니다. 따라서 믿기지 않는 건 믿지 않는 사람의 책임입니다.

하나님은 풍성히 드러낸 진리를 우리가 믿고 거기에 의지를 사용하라고 요구하십니다. 하나님이 우리에게 요구하신 건 믿음 뿐이며 우리가 해야만 하는 일이기도 합니다. 요 6:29 믿음이 없이는 하나님을 기쁘시게 할 수 없다는 사실을 잊지 맙시다. 히 11:6

7. 죄의 용서 Forgiveness of sins

Q. 요한복음 20장 23절은 무슨 뜻입니까?

너희가 누구의 죄든지 용서하면 그들이 죄사함을 받게 되며, 누구의 죄든지 그대로 두면 그대로 있게 되리라.

사제가 지상에서 죄를 용서할 수 있다는 의미 아닌가요?

A. 이 구절의 의미는 예수님께서 하신 말씀의 문맥과 구절 자체를 보면 헷갈릴 것이 없습니다. 이전 구절에서 예수님은 숨을 내쉬며 성령을 받으라고 말씀합니다. 그러고 나서 위 구절을 말씀하시지요. 다른 말로 하자면 예수님은 성령을 받은 제자들이 영적인 안목을 갖출 거라는 점을 알려주신 겁니다. 어떤 사람이 진정으로 회개한 건지 아닌지 간파하는 능력과 성령으로 충만한 제자들이 누군가의 죄가 용서받았다고 확인해주면 정말 용서받았음을 알 수 있다는 거지요.

이 약속은 성직자에게 하신 것이 아니라 성령으로 충만한 제자들에게 하신 겁니다. 성령으로 충만한 성직자라면 두말할 필요 없이 영적인 안목을 갖추겠지요. 하지만 성직자가 아니더라도 모든 그리스도인은 제사장이기 때문에계 1:6 성령이 거하는 사람은 이런 안목이 있습니다. 예전에는 성령으로 충만한 사람이 누군가의 회개가 진짜인지 아닌지를 판단할 수 있었습니다. 그래서 그 사람의 죄가 용서받지 않았다고 선언하면 그가 용서받지 않았다고 간주한 겁니다. 반대로 진심을 다해 회개한 사람이라면 그 사람의 죄가 용서됐다고 선언했습니다.

베드로는 사도로서 성령으로 충만하여 이런 권능을 사도행전 8장 20~23절에서 사용했습니다. 바울 역시 성령으로 충만하여 사도행전 13장 9~11절에서 이 능력을 사용했지요. 오늘날 겸손한 그리스도인은 성령이 주신 이런 판단력을 지닙니다. 이 구절에는 사제에 대한 언급이 전혀 없음으로 사제가 죄를 용서할 수 있다는 주장을 증명하기 위한 근거로 삼기에 부적절합니다.

8. 천년왕국 The Millennium

Q. 천년왕국은 무엇인가요?

A. 천년왕국에서 '천 년'은 말 그대로 1,000년을 뜻합니다. 이 왕국은 그리스도께서 다시 오시셔서 통치할 천 년 동안의 치리를 말합니다계 20:4,6 그리스도가 세상에서 왕으로 다스릴 것이라는 예언이 많지만 아직 이루어지지 않았습니다. 그 예언이 천년왕국을 통해 이루어질 겁니다. 예수 그리스도께서 다윗의 보좌에 앉으실 것입니다.렘 23:5~6, 시 2:6, 슥 14:9 보좌에 앉는다는 표현이 천년 내내 예루살렘에 있는 왕좌에만 앉아 계신다는 뜻이 아닙니다. 보좌에 앉는다는 건 왕국을 다스린다는 것이며 실제로 '앉는다'의 의미로 사용하는 사례는 많지 않습니다. 이 예언은 그리스도께서 대부분의 시간을 신부와 함께 (지금 지구의 예루살렘이 아닌) 새로운 예루살렘에서 보내실 거라는 의미입니다. 그분은 왕으로서 이 땅을 천년 간 통치하실 겁니다.

Q. 천년왕국은 혼의 구원이 부흥하는 시기인가요?

A. 그러리라 추측하는 근거가 있습니다. 그리스도가 돌아오며 일

어날 사건으로 많은 사람이 그분을 알며 영접할 겁니다. 특히나 이스라엘은 그렇습니다. 유대인이라는 민족이 회개하고 그리스도께 돌아올 것입니다. 예수님은 구원자로서 **야곱으로부터 경건하지 아니한 것을** 제거하십니다.롬 11:26 하나님은 이스라엘에 **은혜와 간구의 영을** 부으실 겁니다.슥 12:10 이들은 선조들이 못 박은 그분을 바라보며 민족의 죄를 회개할 겁니다. 샘이 열려 모든 죄와 더러움을 씻고 민족적인 회개가 이루어지지요.슥 12:10~13:1

이스라엘만이 아니라 이방 민족도 회심합니다.

도리어 그들의 실족으로 구원이 이방인들에게 이르렀으니
이는 그들로 시기하게 하려 함이니라.
그들의 실족함이 세상의 부요함이 되고
그들의 쇠퇴가 이방인들의 부요함이 되었다면
하물며 그들의 충만함은 어떠하겠느냐?롬 11:11~12

9. 구약의 율법 Old Testament Law

Q. 그리스도인은 구약의 율법을 지켜야 하나요? 그리스도인도 율법의 통제를 받나요?

A. 아닙니다. 갈라디아서 5장 18절을 보세요.

너희가 성령의 인도하심을 받는다면
너희는 율법 아래 있지 아니하느니라.

하지만 이 말씀이 의미하는 바는 그리스도께서 우리를 제멋대로 살도록 이끈다는 것이 아닙니다. 우리가 구약의 율법을 지킬 필요는 없지만, 그리스도의 법은 지켜야 합니다. 그리스도의 법이란 우리의 새 신랑, 곧 그리스도를 기쁘게 하는 모든 일을 해야 한다는 의무이지요.롬 7:1~4 성령의 인도를 받는 사람은 율법의 통제를 받지 않지만, 하나님의 말씀에서 성령이 금지하는 일을 행하지 않습니다.

근래 율법을 따르지 않아도 된다는 말에서 너무 지나치게 나가 우를 범하는 사람이 많습니다. 이런 사람들은 성령의 인도를 받으니 말씀에 순종해야 할 의무가 전혀 없다고 말하지요. 성령을 따른다고 말하면서 성경에 드러난 하나님의 뜻과 정면으로

배치하는 행동을 합니다. 자, 성경은 성령님의 책입니다. 그리고 성령님은 성경과 상반되는 일을 저지르도록 인도하는 분이 절대 아닙니다. 성경의 가르침과 모순된 행동을 하도록 이끄는 건 성령님이 하시는 게 아닙니다. 어떤 기독교인은 일요일을 주일로 지키는 것을 비웃습니다. 이렇게 요일을 정하는 건 다시 율법을 지키는 셈이라며 어리석은 짓이라고 여기지요. 하지만 이런 생각은 성경에 반할 뿐만 아니라 훨씬 더 해를 끼칩니다. 진정 그들이 성령의 인도를 받는다고 주장한다면 그 고집스러운 자기 의지와 영적 자만심부터 굴복시켜야 할 겁니다.

10. 예정론 Predestination

Q. 하나님이 미리 알고 정해놓은 것과 사람의 선택은 반목하는 것 아닙니까? 다음 구절행 2:23의 의미를 설명 부탁드립니다.

하나님의 정하신 뜻과 미리 아심을 따라 내어주신 그를
너희가 붙잡아 무법자들의 손을 통해 십자가에 못박아 죽였으나

A. 질문한 구절은 유다 이스카리옷과 다른 유대인들이 예수님을 배반하고 십자가에서 돌아가시도록 한 행위가 하나님의 계획에 따른 것이라는 의미입니다. 하지만 그렇다고 해서 이들에게 선택할 수 있는 자유가 없었던 건 아니지요. 그들의 행위는 하나님이 미리 알고 계셔서 그런 것이 아닙니다. 하나님이 미리 아시기 때문에 그렇게 행동할 줄 아시고 계획하신 것입니다. 미리 안다는 건 사람이 나중에 알게 된 행위를 조작하는 것이 아니지요. 사실이 지식을 전달합니다. 지식이 사실을 확정하는 게 아닙니다.

로마서 8장 29절의 풀이도 이와 동일합니다.

Q. 사도행전 13장 48절을 설명해주세요.

영원한 생명을 얻기로 정해진 자들은 다 믿더라.

A. 하나님은 영원부터 각 사람이 어떤 일을 할지 알고 계십니다. 성령께 순종하여 예수 그리스도를 영접할지, 아니면 성령을 거부하고 예수 그리스도를 믿지 않을지 아시지요. 그분을 믿는 사람은 영원한 생명을 얻습니다. 영생을 얻지 못했다면 그리스도께 오지 않았기 때문입니다.요 5:40 **원하는 자**계 22:17는 누구나 받아주십니다.요 6:37

하나님은 누군가의 의지에 반하는 대로 결정하는 분이 아닙니다. 그저 하나님의 무한한 지혜와 거룩함을 따라 영광스러운 아들을 고의로 끝까지 거부하는 자는 영원히 멸망하도록 정해놓으셨을 뿐입니다.

11. 안식일 Sabbath

Q. 유대교 안식일, 그러니까 하나님께서 안식일로 지키라고 명령한 한 주의 일곱 번째 날출 20:8~11이 어째서 우리가 주일이라고 부르는 한 주의 첫 번째 날이 된 건가요? 왜 주일이 기독교 안식일처럼 지켜지는 겁니까?

A. 우선 먼저 짚고 넘어가야 할 점이 있습니다. 십계명은 유대인에게 한 주의 일곱 번째 날을 안식일로 지키도록 명령하지 않았습니다. '한 주'는 사람이 덧붙인 겁니다. 하나님이 모세에게 말씀하신 내용을 보세요. **엿새 동안 네가 일할지니 네 모든 일을 할지니라. 그러나 일곱째 날은 주 너의 하나님의 안식일이니**출 20:9~10 한 주의 일곱 번째 날이 안식일이라는 말은 없습니다. 6일의 노동 후에 오는 일곱 번째 날이 안식일입니다. 이런 의미에서 보면 주의 마지막 날을 쉬든, 주의 첫날을 쉬든 이 계명을 지키는 셈입니다. 유대인이면 "관습"에 따라 주의 마지막 날을 쉬면 됩니다. 하지만 그리스도인이라면, 그분의 부활에 기초를 둔 사람이라면 주의 첫날을 지켜야 합니다. 예수님이 부활하신 날이니까요.

둘째로 유대교 안식일은 주일로 바뀐 게 아닙니다. 안식일이나 주일 모두 문자적으로는 율법을 준수하는 것이나 요일이 같지 않으며 같은 근거에 기반한 것이 아닙니다. 안식일은 구약을, 주일은 신약을 따릅니다.고후 5:17, 갈 6:15, 히 9:11 어떤 기독교인들은 날짜를 바꿀 권한이 없다며 안식일과 주일이 다른 건 로마 가톨릭 교회와 교황이 벌인 짓이라고 말하지요. 하지만 이는 전혀 사실이 아닙니다.

역사를 보면 로마 가톨릭 교회가 생기기 이전부터 오랫동안 주의 첫날에 모여 예배를 드렸다는 걸 알 수 있습니다. 신약 성경이 기록되던 시대에도 그렇게 했습니다. 제자들이 함께 모여 빵을 나누던 것 역시 주의 첫날이었습니다.행 20:7 다른 그리스도인을 위해 헌금을 준비했던 날 역시 주의 첫날이었습니다.고전 16:2 초기 교부의 기록, 그러니까 로마 가톨릭 교회가 생기기도 훨씬 전의 기록을 보면 거듭 주의 첫날에 그리스도인들이 모였다는 점이 드러납니다.

바울 역시 명쾌히 그리스도인이 유대교 안식일과 연관되어 판단을 받지 말아야 한다고 가르쳤습니다. 유대교 안식일은 유대인이 지켜야 할 일입니다. 음식, 음료, 거룩한 날, 새 달 등과 마찬가지로 말이지요.골 2:16 이런 요소는 **다가올 것의 그림자**이지만 몸은 그리스도의 것입니다.

12. 사후 구원 Salvation after death

Q. 누가복음 15장 4절을 보면 **"너희 가운데 누가 양 일백 마리를 가졌는데, 그 중 한 마리를 잃었다면 아흔아홉 마리를 광야에 두고 그 잃어버린 양을 찾을 때까지 찾아다니지 아니하겠느냐?"**라고 되어있습니다. 이 구절을 보면 예수님이 죽은 이후에도 살아있을 때 회개하여 그리스도께 올 기회가 있었던 잃어버린 혼을 찾기 위해 노력하신다는 것 아닌가요?

A. 그렇지 않습니다. 이 구절은 목자가 잃어버린 양을 찾을 때까지 돌아다닌다는 점을 가르치시려는 겁니다. 하지만 모든 사람이 "양"은 아니지요. 이 구절을 모든 사람을 구원하려는 의미로 해석하려면 궁극적으로 모든 사람이 거듭나며 양이라는 가정이 필요합니다. 하지만 하나님의 말씀은 이 구절을 그렇게 말하지 않으십니다. 양과 염소는 분명히 다릅니다.마 25:31~46 양이 있는가 하면 돼지와 개도 있습니다.벧후 2:20~22

의심의 여지 없이 예수님은 결국 모든 양을 찾으실 겁니다. 성경이 가르치는 바는 그분이 지금 생에서 찾으신다는 겁니다. 또 성경은 염소인 사람은 염소이며 심판의 날까지 염소로 남아 있을 거라고 말합니다. 예수님은 염소에게 이렇게 말씀하실 겁니다. **너희 저주받은 자들아, 내게서 떠나 마귀와 그의 천사를 위**

하여 준비한 영원할 불 속으로 들어가라. 마 25:41 예수님이 직접 하신 말씀입니다.

Q. 베드로전서 3장 18~20절입니다.

그리스도께서도 죄들로 인하여 한 번 고난을 받으사
의인으로서 불의한 자를 대신하셨으니,
이는 육신으로는 죽임을 당하셨으나 성령에 의하여
살림을 받으심으로 우리를 하나님께로 인도하려 하심이라.
그가 성령으로 감옥에 있는 영들에게도 가서 전파하셨으니
그들은 전에 노아의 날에 방주를 예비하는 동안
하나님께서 오래 참고 기다리셨을 때에
순종하지 아니하던 자들이라.

이 구절에 따르면 죽은 후에도 구원받을 기회가 있다는 것이 아닌가요?

A. 그렇지 않습니다. 이 구절이 말하는 건 그리스도가 돌아가셨을 때 (즉, 몸이 죽었을 때) 그분의 영이 재빨리 **감옥에 있는 영**에게 가서 선포하셨다는 뜻입니다. 감옥에 있는 영이 살아생전 죄를 짓다가 죽은 사람이라고 언급하는 대목은 없습니다. 이 영은 노아가 살던 당시 순종하지 않았던 천사로 보입니다. 벧전 3:20, 벧

후 2:4, 창 6:1~2, 유 1:6~7 하지만 설령 이 영이 죄를 지어 죽은 사람의 영이라고 가정한다 하더라도 예수님이 이들에게 복음을 전했다는 언급 역시 없습니다. 이 구절에서 **전파**라고 번역한 단어의 의미는 '복음을 전하다.'가 아니라 '선언하다.' 입니다. 신약에서 '복음을 전하다.'의 의미로 자주 사용하는 단어가 있습니다. 하지만 이 구절에서 그 단어가 나오지 않습니다. 감옥에 있는 영에게 그리스도께 회개하라고 선포하거나 그들이 회개할 수 있다는 언질도 없습니다. 이 구절은 명백히 천국에서처럼 지옥에서도 하나님의 나라를 선언하셨다는 뜻입니다.

Q. 사후 구원을 믿을만한 근거 구절이 있습니까?

A. 전혀 없습니다.

13. 용서받을 수 없는 죄 Unpardonable sin

Q. "용서받을 수 없는 죄"가 무엇입니까? 그런 죄를 지으면 구원받을 수 있는 건가요? 성령을 거슬러 짓는 죄란 무엇을 말하는 겁니까?

A. 성령을 거슬러 짓는 죄 또는 소위 "용서받을 수 없는 죄"는 마태복음 12장 31~32절에 나옵니다. 이 구절의 문맥을 살피며 찬찬히 읽어보면 성령을 향해 신성모독 하는 것을 말합니다. 이는 고의로 성령님의 역사를 마귀의 역사라고 말하는 겁니다. 바리새인들은 마음 깊은 곳에서 예수님이 무엇을 하시는지 잘 알았습니다. 예수님은 하나님의 영의 능력으로 일하셨지요. 하지만 이들은 예수님과 그분의 말씀을 거부했습니다. 이들은 예수님을 반대하며 의도적으로 마귀인 '비엘세붑'바알세불의 역사라고 주장했지요. 분명 예수님의 사역이 하나님의 영을 따라 이루어졌다는 걸 알았음에도 말입니다.

이런 죄를 짓는 사람이 있다면 그는 회개의 가능성을 한참 잃은 겁니다. 완고히 죄를 지어 예수님께 오지 않겠다는 의지를 비치었으니까요. 그런 사람의 결말은 불 보듯 뻔한 일입니다.

본인이 이런 용서받을 수 없는 죄를 지었다고 생각하는 다수가 실제로 그런 죄를 지은 적이 없습니다. 누구나 예수님께 돌아와 회개하기를 원한다면 이미 그는 자신이 그런 죄를 짓지 않았다는 점을 입증한 셈입니다. 예수님이 말씀하셨듯이 누구나 그분께 오면 예수님은 **내쫓지** 않으십니다. 요 6:37

Q. 몇 년 전, 거듭나고 잠시 행복한 신앙생활을 했습니다. 그러다가 죄를 지었는데 이제는 절망에 빠졌습니다. 제가 지은 죄가 히브리서 6장 4~6절에 나온 사례 같은데 그러면 회개를 해도 다시 회복이 불가능하다는 의미이지 않습니까? 어떻게 해야 하나요?

A. 걱정하지 마세요. 예수님께 다시 오면 됩니다. 요한복음 6장 37절에서 예수님은 이렇게 말씀합니다. **내게 오는 자는 내가 결코 내어쫓지 아니하리라.** '내게 회개하지 않는 자'라고 하지 않으시고 '**내게 오는 자**'라고 하셨지요. 이는 예수님께서 분명 돌아오기를 기다리신다는 겁니다. 하나님의 말씀은 아주 환한 대낮처럼 명확하게 우리가 돌아오기를 기다린다고 얘기합니다. 마 11:29~30, 계 22:17 그러니 예수님께 오세요. 그러면 받아주실 겁니다!

히브리서 6장 4~6절은 우리 상황을 말하는 것이 아닙니다. 구절을 볼까요. **한 번 깨우침을 받고 하늘의 선물을 맛보며, 성령의 동참자가 되고 하나님의 선한 말씀과 오는 세상의 능력을 맛본 자들이 만약 떨어져 나간다면 다시 새롭게 하여 회개시킬 수 없나니, 이는 그들이 스스로 하나님의 아들을 다시 십자가에**

못박아 공개적으로 조롱함이라. 히 6:4~6 이 구절에서 말하는 사람은 회개하여 새롭게 할 수 없으며 그런 이유로 구원받지 못한 사람입니다. 하지만 질문하신 분은 회개하고 싶어 하셨지요. 이 히브리서의 말씀은 박해받던 유대인 그리스도인에게 말한 내용으로 그리스도를 버리고 배교하여 다시 유대교로 돌아갈 위기에 처해 있던 사람들입니다. 성령이 이들에게 경고하시는 건 만일 모든 빛을 깨닫고도 배교한다면 회개한다고 해서 새롭게 할 수 없음으로 더는 가망이 없다는 말입니다. 히브리서 6장 9절을 보면 저자가 이런 일이 일어나지 않기를 바란다고 말하지요. 이 경고 자체가 이들이 신앙을 유지할 수 있도록 도운 것입니다.

따라서 히브리서 6장의 이 구절은 단순히 실족한 사람을 가리키는 것이 아닙니다. 배교한 사람으로서 죄를 지은 것은 물론이요 깨우침을 받고 하늘의 선물을 맛보았으며 성령에 동참한 사람이 신앙을 버리는 것을 말합니다. 이 구절에서 '**떨어져 나가다**'로 번역한 그리스어 단어는 구약에서 하나님을 버리고 우상을 숭배하는 행위를 가리킵니다. 겔 14:13, 15:8

실족한 사람이 하나님께 돌아올 수 있다는 증거는 성경에 많이 등장합니다. 렘 3:12~14, 호 14:1~4, 눅 15:11~24 베드로는 예수님을 따르다가 끔찍한 죄를 지었습니다. 그분을 부인하고 모른다고 맹세했지요. 하지만 그가 회개하자 예수님은 용서하셨고 전보다 더 큰 복을 주셨습니다. 예수님께 죄를 자백하고 돌아오려는 사람에게 이 실례를 통해 히브리서에서 말하는 사람은 본인을 말하는 것이 아니라는 점을 알려드립니다. 본인이 히브리서 같은 상황에 놓여 있다고 생각해서 절망에 빠진 사람을 많이 보았습니다만, 돌아오면 받아 준다는 예수님의 뜻을 알았다면 회개하고 행복한 그리스도인으로 사세요.

Q. 히브리서 10장 26절은 무슨 뜻인가요?

이는 우리가 진리의 지식을 받고 난 후에도
고의적으로 죄를 지으면
더 이상 죄들을 위한 희생제가 남아 있지 아니하고

고의로 지은 죄는 용서받을 수 없다는 의미가 아닌가요?

A. 아닙니다. 이 구절의 요지는 그것이 아닙니다. '고의로 죄를 짓는다.'라는 건 본인 의사에 따라 자발적으로 죄를 짓는 행위를 말하지요. 이런 죄는 인지하지 못하거나 무지하여 지은 죄와는 다릅니다. 죄를 고의로 지으면서 자발적으로 저지르지는 않을 수도 있습니다. 자기가 하는 일이 죄라는 사실은 알지만, 너무 강한 유혹에 이끌려서 자기 의지에 따른 것이 아니라는 겁니다. '고의적'이라는 단어는 베드로전서 5장 2절에서도 쓰이는데 자진하여서 하는 것과 억지로 이끌려서 하는 대조가 등장합니다. 그런 의미에서 고의로 짓는 많은 죄가 자발적으로 짓는 건 아니

라고 할 수 있습니다.

진리의 지식을 받고 난 후에 하나님께 순종하지 않고 의도적으로 죄를 짓겠다고 선택하면 그를 위한 희생제물은 없습니다. 맹렬한 분노와 심판이 있을 뿐입니다.히 10:27 이런 사람은 회개할 마음이 없는 사람입니다.

회개하려는 마음이 있는 사람은 사실 이런 죄를 지은 사람이 아닌 겁니다. 히브리서 10장 26절에서 언급하는 사람은 전혀 하나님께 돌아오려는 마음이 없습니다. 이런 질문을 했다는 것 자체가 히브리서 10장 26절의 사람과는 다르다는 점을 보여주는 거지요.

14. 수호천사 Guardian Angels

Q. 마태복음 18장 10절 설명 부탁드립니다.

너희는 이런 어린아이들 중에 하나라도
업신여기지 않도록 주의하라.
내가 너희에게 말하노니,
하늘에 있는 그들의 천사들이 항상 하늘에 계신
내 아버지의 얼굴을 뵙고 있느니라.

이 말은 아이에게 수호천사가 있다는 의미 아닌가요?

A. 매우 평이한 구절로 보입니다. 이 구절을 다르게 해석하는 사람도 있는데 어린아이들의 천사가 하늘의 영광 가운데 있는 아이의 영을 말한다는 거지요. 하지만 성경 어디에도 인간의 영이 천사가 된다고 암시하는 구절은 없습니다. 성경을 통틀어 인간과 천사는 가장 확연히 구별되는 존재입니다. 〈천사가 되길 원하네〉라는 옛 찬송가는 성경에 근거하지 않은 곡입니다.

이 구절에서 아이의 천사라는 건 이 아이들을 지켜보는 천사를 가리킵니다. 이들은 **구원의 상속자**가 될 사람을 섬기는 천사 무리입니다.히 1:14 성경에 따르면 각각의 아이에게 수호천사가 있는 것으로 보이며 이 수호천사들은 하나님께 특별한 호의와 기회를 얻는 듯합니다. 언제나 그분의 존재 앞에 서서 아버지의 얼굴을 마주하기 때문입니다.

15. 유아 Infants

Q. 유아 때 사망하면 구원받지 못하는 건가요?

A. 그렇다고 볼 수 있을 만한 구절은 성경에 없습니다. 예수님은 "**어린아이들이 내게 오는 것을 허락하고, 금하지 말라. 천국은 이런 자들의 것이니라.**"고 하셨습니다.마 19:14 물론 어린 아기라고 하더라도 하나님의 저주에 따라 타락한 채 세상에 태어나기 때문에 아담의 죄성이 있지만, 예수 그리스도께서 십자가에서 돌아가시어 흘린 피는 모든 인간의 죄를 제거했습니다.딤전 2:6, 요 1:29, 고전 15:22, 요일 2:2 여기에는 어린아이도 해당합니다.

아이가 자라서 죄를 지으며 또 그 행위를 책임질 나이가 되면 꼭 예수 그리스도를 구주로 믿어야 구원받습니다. 하지만 유아기에 사망한 경우에는 그럴 수 없지요. 이들에게는 한 사람, 곧 그리스도의 의롬 5:18가 생명을 가져오는 의로 주어집니다. 어린 아기가 그리스도를 뵈면 믿고 구원받을 겁니다. 아담의 죄 때문에 멸망하지는 않습니다. 그리스도는 아기들을 위해서도 아담의 죗값을 치르셨으니까요. 성경 역시 어린 아기가 지옥으로 간다는 교리를 제시하지 않습니다.

Q. 예수님을 믿지 않는 자녀가 아기 때 사망하면 구원받는다고 말하는 성경 구절이 있나요? 이와 관련하여 고린도전서 7장 14절 후반부의 의미가 궁금합니다.

이는 믿지 아니하는 남편이 그 아내로 인하여 거룩하게 되고
믿지 않는 아내도 그 남편으로 인하여 거룩하게 되기 때문이라.
그렇지 않다면 너희 자녀도 깨끗하지 못하니라.
그러나 이제는 그들이 거룩하니라.

A. 이 구절의 후반부는 의심의 여지 없이 구원받은 부모의 자녀와 구원받지 않은 부모의 자녀가 하나님과 맺은 관계는 다름을 가리킵니다. 어쨌거나 앞의 질문에 답해드렸듯이 성경 어디에도 유아가 죽으면 구원받지 못한다는 구절은 없습니다.

Q. 어린아이가 죽으면 다른 세계로 가나요?

A. 성경이 그에 관해 딱히 말하는 바는 없습니다. 하지만 예수님은 **천국**마 19:14을 말씀하셨습니다. 아기가 속죄의 장소에 가지 않는 대신 예수 그리스도를 믿은 사람이 축복을 누리는 장소에 가지도 못한다는 교리를 뒷받침하는 성경의 근거는 없습니다. 우리가 성경이 말하는바 이상을 알지는 못하기에 아기가 죽은 뒤의 운명에 관해서 이론을 만들어 내는 것 역시 적절치 않습니다.

확실한 사실은 이들을 걱정할 필요가 거의 없습니다.

16. 불멸 Immortality

Q. 혼의 불멸을 어떻게 증명하시겠습니까?

A. 성경에서 불멸에 관한 얘기는 사람의 몸에 관한 부분을 다루지만, 이 질문의 요지는 잘 이해했습니다. 죽음으로 존재가 끝나지 않는다는 걸 어떻게 증명할 수 있냐는 요지겠지요.

성경이 이점을 증명합니다. 앞서 언급한 다른 저서에서도 하나님의 말씀이 증거로서 지닌 가치는 충분히 입증했습니다. 성경은 확실히 모든 사람이 부활한다고 말합니다. 의로운 사람은 생명의 부활로, 악한 자는 심판의 부활로 말입니다.요 5:28~29 게다가 예수님을 영접한 사람과 거절한 사람이 미래에 영원히 존재한다는 점도 분명하지요. 추가로 예수 그리스도의 부활은 역사적인 증거로서 죽음이 끝이 아니라는 점을 입증합니다.

불멸에 관한 과학적, 철학적 논쟁이 있으나 예수 그리스도의 부활에 근거한 논거를 제쳐둔다면, 다른 모든 주장은 사후 세계의 가능성, 불멸의 가능성만을 다룰 뿐입니다. 성경에 근거한 논거는 우리의 존재가 영속한다는 건 단순히 가능성에 바탕을 둔 것이 아닙니다. 그저 가능성에 불과했던 것이 입증된 사실이 되는 것이지요.

Q. 성경에 조건적인 불멸이 나오나요?

A. 성경이 말하는 조건적 불멸의 교리란 본래 죽을 수밖에 없는 인간이 그리스도를 통해서만 불멸을 얻는다는 겁니다. 사람이 태어나면 죽는다는 사실은 진리입니다. 인간은 어느 시점에 존재를 시작하면 당연히 그 존재가 끝납니다. 하지만 성경은 아담의 모든 후손이 그리스도를 통해 영원히 존재한다고 말합니다. 고린도전서 15장 22절을 보세요. **아담 안에서 모든 사람이 죽은 것같이 그리스도 안에서 모든 사람을 살게 하려 함이라.** 사용한 단어를 살펴보면 "모든"이 다른 모든 걸 포괄한다는 사실을 알 수 있지요. 아담의 후예는 모두 죽어 흙으로 돌아갑니다.창 3:19, 5:5 하지만 그리스도 안에 있으면 다시 살아납니다. 아담이 잃어버린 것을 그리스도께서 다시 되살리셨지요.

그리스도를 통해 받은 불멸이 생명의 부활이 될지, 심판의 부활과 영원한 수치가 될지요 5:28~29, 단 12:2는 전적으로 그리스도를 영접하느냐에 달려있습니다. 그리스도를 영접한 사람에게 불멸은 말로 다 못할 축복이 되겠지만, 그분을 거절한 사람에게는 형용할 수 없는 비극일 겁니다. 이 비극을 둘째 사망계 21:8이라고 하며 마귀와 그의 천사들을 위해 준비한 불못마 25:41에 던져져 밤낮 영원토록 쉼 없이 고통받습니다.계 20:10

17. 선행 Good works

Q. 선행으로 하늘나라에 갈 수 있나요?

A. 당신의 선행이 흠 없이 완벽하다면, 즉 태어나서 죽을 때까지 어떤 순간에도 하나님의 법을 위반하지 않으며 그분을 기쁘시게 하는, 그분이 요구하는 모든 일을 수행한다면 선행으로도 하늘나라에 갈 수 있습니다. 하지만 이건 예수 그리스도 외에 어떤 사람도 하지 못했으며 할 수도 없는 일입니다. **모든 사람이 죄를 지었으므로**롬 3:23 하나님의 법을 위반하는 그 순간 더는 선행으로 천국에 갈 수 없습니다. 이 법은 완벽한 순종을 필요로 하기 때문입니다.갈 3:10 하나님의 법에 완벽하게 순종하지 않고는 영원한 삶이나 하늘나라를 확신할 수 없습니다. 그러니 우리의 행위에 기반해서는 어떤 희망도 없습니다.

사람이 죄를 짓는 순간 유일한 희망은 예수 그리스도 안에 있는 하나님의 은혜롬 3:24로 의롭게 되는 것뿐입니다. 예수 그리스도를 받아들이는 사람은 누구나 값없이 은혜로 의롭게 됩니다. **예수 그리스도 안에 있는 구속을 통하여 그의 은혜로 값없이** (선물로) **의롭게 되었음이라.**롬 3:24 하나님께서는 아들의 피를 믿는 믿음을 통해 그리스도를 화목제물로 삼았습니다.롬 3:25 로마서 3장 9절부터 4장 8절까지 읽어보면 선행으로 하늘나라에 가는 건 불가능하며 하나님이 의롭게 만드는 방법이 어떤지 알게 될 겁니다.

PART 2.
신앙 / 교회 생활

18. 신앙생활 - 34. "예수님이라면"

18. 신앙생활 Christian Life

Q. 신앙생활을 꾸준히 또 풍성히 하기 위한 조언을 부탁드립니다.

A. 성경이 제시하는 단계는 7가지입니다.

1. 올바로 시작하라.

요한복음 1장 12절은 올바른 시작이 무엇인지 말해줍니다. **그러나 누구든지 그를 영접한 사람들에게는 하나님의 아들들이 되는 권세를 주셨으니, 즉 그의 이름을 믿는 사람들에게니라.** 그리스도께서 내 죄를 위해 돌아가신 구세주라는 점을 믿어야 합니다. 그분이 내 모든 죄를 용서했다는 걸 믿으세요. 내 죗값은 그분이 다 지불하셨다는 사실에 평안을 얻으세요. **하나님께서 죄를 알지도 못하는 그를 우리를 위하여 죄로 삼으신 것은 우리로 하여금 그 안에서 하나님의 의가 되게 하려 하심이라.** 고후 5:21 예수님은 죄의 권세에서 구원해주는 분으로서 죄와 허물 중에 죽었던 나를 살립니다. 죄의 권세에서 스스로 빠져나오려 하지 마세요. 예수님이 하시도록 하세요. 그분을 스승으로 모십시다. 내 삶을 직접 이끌어가려고 애쓰지 마세요. 무조건 그분의 인도에 맡기세요. 내 삶을 전부 드리면 어디든 기쁠 겁니다. 이전에 그리스도를 구주로서 받아들이지 않았다면, 내 삶을 그분께 드리지 않았다면, 신앙생활을 성공적으로 하고 싶다면 하나님과 함께 떠나세요. 이렇게 고백하세요. **"무엇이든 예수님을 위하여"**

2. 사람들에게 공개적으로 그리스도를 믿는다고 고백하라.

그러므로 누구든지 사람들 앞에서 나를 시인하면,
나도 하늘에 계신 나의 아버지 앞에서 그를 시인할 것이나마 10:32

이는 사람이 마음으로 믿어 의에 이르고
입으로 고백하여 구원에 이르기 때문이라.롬 10:10

그리스도를 고백하는 삶은 완전한 구원의 삶입니다.

3. 성경을 공부하라.

갓난 아기들로서 순수한 말씀의 젖을 사모하라.
이는 너희가 그것으로 인하여 자라게 하려 함이니라.벧전 2:2

하나님의 말씀은 혼의 양식입니다. 거듭난 이후 새로운 삶의 영양분이지요. 성경을 공부하지 않는다면 신앙생활을 성공적으로 할 수 없습니다. 신앙생활을 잘 이어나가는 모든 사람은 하나님의 말씀을 잘 먹는 사람입니다.

4. 쉬지 말고 기도하라. 살전 5:17

신앙생활을 성공으로 이끌고 싶다면 기도의 삶을 지향해야 합니다. 일단 시작만 하면 아주 쉽습니다.

기도하는 시간을 정하세요. 다윗과 다니엘은 하루에 세 번 기도했지요. 아주 좋은 습관입니다. 다윗은 이렇게 말했습니다. **저녁과 아침과 정오에 내가 기도하며 큰 소리로 부르짖으리니 그리하면 그가 내 음성을 들으시리라.** 시 55:17 다니엘을 보세요. **이제 다니엘이 그 문서가 서명된 것을 알았을 때 그의 집으로 가서 그의 방에서 예루살렘을 향해 창문을 열어 두고 그가 전에 하던 대로 하루에 세 번씩 무릎을 꿇고 기도하였으며 그의 하나님 앞에 감사를 드렸더라.** 단 6:10

하루를 기도와 감사로 시작하세요. 지난 시절의 자비에 감사를 표하며 지금 필요한 것을 간구하세요. 정신없이 바쁘고 걱정과 유혹이 있다면 하던 일을 멈추고 감사와 기도를 드리세요. 하루의 마무리 역시 기도와 감사로 합시다.

내게 닥친 시험이 예사롭지 않다면 더 특별히 기도해야 합니다. 시험이 엄습할 때 기도하세요. 하나님을 계속 바라봅시다.

항상 무릎을 꿇고 기도해야 할 필요는 없습니다. 하지만 마음만큼은 늘 무릎을 꿇는 자세로 기도하세요.

성공적인 신앙생활을 하고 싶다면 특히 이 세 가지를 기억해야 합니다.

① 지혜를 구하라.

너희 중에 누가 지혜가 부족하면, … 하나님께 구하라. 약 1:5

② 힘을 구하라.

오직 주를 앙망하는 자는 자기의 힘을 새롭게 하리니 사 40:31

③ 성령 충만을 구하라.

하늘에 계신 너희 아버지께서 구하는 자들에게 성령을 주시지 않겠느냐? 눅 11:13

혹여 성령으로 침례를 받지 않았다면 확실하게 구하여 이 축복을 고대해야 합니다. 이미 성령으로 침례를 받았다면 마주하는 신앙생활과 사역에 있어 매번 성령으로 채워달라고 구하세요. 행 4:18~31

5. 그리스도를 위하여 일하라.

누구든지 가진 사람은 더 받게 되어 풍성하게 가지게 될 것이요, 가진 것이 없는 사람은 그 가진 것마저도 빼앗기게 되리라. 마 25:29

이 구절의 문맥은 자기 능력으로 일한 사람은 더 많이 받겠지만, 손을 놀리면 이미 가지고 있던 것도 빼앗길 거라는 말입니다. 본인의 능력이 많든 적든 그리스도를 위해 일하는 그리스도인이야말로 신앙생활을 잘하는 사람입니다. 그런 사람은 이런 칭찬을 들을 겁니다. **잘하였도다. 착하고 신실한 종아, 네가 적은 일에 신실하였으니 내가 너로 많은 것을 다스리도록 하리라.** 마 25:21 그리스도를 위해 무엇을 할지 찾아보고 실행으로 옮기세요. 부지런히 할 일을 찾으세요. 가령 할 수 있는 게 전도지를 나눠주는 것일 뿐이라고 해도 하세요. 언제나 그리스도를 위해 무엇을 더 할지 찾는다면 그리스도께서 더 많은 것을 주실 겁니다.

6. 아낌없이 주어라.

관대한 자는 풍족하게 되리니 잠 11:25

적게 심는 자는 적게 거두고,
넉넉하게 심는 자는 넉넉하게 거둔다는 것이라.
하나님께서는 너희에게 모든 은혜를 넘치게 하실 수 있나니
모든 것을 언제나 너희가 필요한 대로 가질 수 있게 하심으로
모든 선한 일에 넘치게 하시려는 것이라. 고후 9:6,8

그리스도인 삶의 성장과 성공은 그 작은 것 하나를 아낌없이 주는가에 달려있습니다. 인색한 그리스도인은 성장할 수 없습니다. 아낌없이 주기 시작할 때 그 그리스도인의 삶이 자라기 시작하는 모습은 정말 놀랍지요.

7. 꾸준히 진력하라.

형제들아, 나는 내가 붙잡은 것으로 여기지 아니하노라.
다만 한 가지 일, 즉 뒤에 있는 것은 잊어버리고
앞에 있는 것들에 손을 뻗쳐 그리스도 예수 안에서
하나님의 고귀한 부르심의 상을 위하여
그 푯대를 향해 좇아갈 뿐이라. 빌 3:13~14

여러분 뒤에 있는 죄는 잊어버리세요. 혹여 실패했든, 넘어졌든 용기를 잃지 말고 포기하지도 말며 자기 죄에 집착하지 마세요. 즉시 전부 자백합시다. 하나님의 말씀을 믿읍시다.

우리가 우리 죄들을 자백하면 그는 신실하시고 의로우셔서
우리 죄들을 용서하시며, 모든 불의에서 우리를
깨끗하게 하시느니라. 요일 1:9

죄가 용서받았다는 사실을 믿고 잊어버리세요. 계속 앞으로 나갑시다. 사탄은 이 점에 있어 여러 그리스도인을 속입니다. 지난

날의 실패와 죄에 대한 생각에서 벗어나지 못하게 말입니다.

부언하자면 과거의 업적과 승리 역시 잊어버리세요. 더 훌륭한 목표를 추구하세요. 사탄은 이점에서도 많은 그리스도인을 속입니다. 이미 이루어 놓은 영광에 도취하게 만들어 만족감에 교만해지는데 그러면 제자리걸음이거나 실족하게 됩니다. 우리의 유일한 안전장치는 과거의 모든 것을 잊어버리고 계속 앞으로 가는 겁니다. 우리 앞에는 늘 더 나은 것이 있습니다. **온전한 사람이 되어 그리스도의 충만하심의 장성한 분량에** 이르기까지 말입니다. 엡 4:13

19. 실족 Backsliding

Q. 실족한 사람을 어떻게 대해야 하나요?
희망이 있을까요? 있다면 어째서죠?

A. 어디를 가든 자기도 한때 기독교인이었다는 사람을 만납니다. 이 말에는 자기가 다시 세상으로 돌아갔다는 고백이 담겨 있는 셈이지요. 저는 이런 부류의 사람들 대부분이 구원을 진심으로 받은 게 아니라는 견해를 갖고 있습니다. 분명 부흥회도 가고 교회도 다녔으며 기타 비슷한 활동을 했겠지만, 예수 그리스도를 구세주이자 삶의 주인으로서 완전히 영접한 것은 아니라는 겁니다. 첫 단추를 잘못 끼우면 다른 단추가 안 맞을 수밖에요.

하지만 첫 단추를 잘못 끼웠다고 해서 머뭇거릴 필요가 없습니다. 어떤 일에 도전했는데 실패했다고 해서 다음번에 성공하지 못하리라는 법은 없습니다. 만일 그리스도인으로서 신앙생활을 올바르게 시작했다면 세상으로 다시 돌아가는 일은 일어나지 않을 겁니다. 또한 올바르지 않게 시작했다고 하더라도 다시 바르게 시작할 수 있습니다. 하나님의 말씀은 다음과 같이 다시 첫 단추를 끼우라고 말씀합니다.

1. 예수 그리스도를 구주로 영접하라.

이 말인즉슨 예수님에 대한 하나님의 간증을 믿으라는 겁니다. 그분이 십자가에 달린 몸으로 나의 모든 죄를 담당하셨다는 사실을 말이지요. 내가 무엇을 해서가 아니라 그리스도께서 내 죄를 완전히 제거하기 위해 십자가에서 이룬 일로 용서받았음을 믿으세요. 벧전 2:24, 갈 3:13

2. 예수 그리스도를 삶의 주인이자 왕으로 영접하라. 행 2:36

여기에는 여러분의 마음을 하나님께 완전히 드리는 것도 포함합니다. 여러분의 마음을 하나님께 드리면 그분이 마음을 새롭게 하며 여러분의 삶을 드리면 그분이 다스리실 겁니다. 내 자신을 완전히 하나님의 손에 맡기세요. '나의 전부를 드립니다.'라고 말만 하지 말고 생활에서 실제로 그렇게 해야 합니다. 신앙생활을 시작하는 시점에 나를 완전히 드리지 않으면 후에 크게 실족하는 이유가 됩니다.

3. 예수 그리스도께서 부활한 하나님의 아들로서 하늘과 땅에 있는 모든 권세를 지닌 분이라는 걸 믿어라. 마 28:18

그분을 믿으면 날마다 실족하지 않을 수 있고 죄와 유혹의 권세에서 안전합니다. 히 7:25, 유 1:24

첫 단추를 올바로 꿨다면 대부분의 전투에서 승리를 거둘 테지만, 그래도 반드시 그리스도께 꾸준히 순종해야 합니다. 신앙생활에서 꾸준함이란 내 노력이 아니라 그리스도의 능력입니다. 혹여 여러분이 신앙생활을 시작했다가 실패했다면 다시 시작하여 성공하세요. 우리가 아는 강한 그리스도인들 다수는 한때 실족했던 사람이었습니다. 베드로 역시 한때 실족했지만 오순절 이후 그리스도의 신실한 일꾼이 됐습니다. 그런 오순절의 능력이 여러분에게도 가능합니다.

실족한 사람보다 더 비참한 이는 없습니다. 예레미야가 실족한 이스라엘을 향해 했던 말이 정말 맞습니다. **나를 두려워함이 네 안에 없음이 악하고 쓰라린 것임을 알고** 렘 2:19 그리스도를 저버린 사람은 생수의 근원인 그분을 버린 것이며 물을 저장하지 못할 깨진 물통인 셈입니다. 렘 2:13 깨져버린 물통은 세상에 던져버리고 생수의 근원인 그리스도께 돌아오세요.

20. 죄의 자백 Confession of sin

Q. 우리 죄를 사람에게 자백해야 합니까 아니면 하나님께만 해야 합니까?

A. 우선 하나님께 죄를 자백하세요. 다윗은 시편 32편 5절에서 이렇게 말합니다. **내가 내 죄를 주께 시인하고 내 죄악을 숨기지 아니하였나이다. "내가 내 죄과들을 주께 자백하리이다." 하였더니 주께서 내 죄의 악을 용서하셨나이다**. 요한일서 1장 9절을 보세요. **우리가 우리 죄들을 자백하면 그는 신실하시고 의로우셔서 우리 죄들을 용서하시며, 모든 불의에서 우리를 깨끗하게 하시느니라.**

하지만 누군가를 향해 죄를 지었다면 죄를 지은 사람에게도 자백해야 합니다. 나와 다툰 사람과 화해해야 합니다.마 5:23~24 우리가 서로에게 지은 죄를 서로에게 자백하여 서로를 위해 기도해야 합니다.약 5:16 물론 이 말씀이 다른 형제와 다를 바 없는 사제에게 가서 고해 성사를 하라는 의미가 아닙니다. "**서로 … 자백하라.**"고 했습니다. 사제가 우리에게 고해 성사를 하지 않는데 굳이 우리가 사제에게 가서 고해 성사를 할 필요가 있나요.

공개적으로 죄를 지었다면 죄를 공개적으로 자백하세요. 그러나 성경 어디에서도 대중이나 특정 사람에게 지금껏 지은 모든 죄를 낱낱이 자백해야 한다는 구절은 없습니다. 종교 사기꾼들이 자주 자신을 추종하는 자들에게 이런 요구를 합니다. 그래야 비밀을 폭로하겠다는 빌미로 통제할 수 있기 때문입니다. 저도 이런 사람을 압니다. 그 사람 역시 사람들이 지은 모든 죄와 부도덕한 일을 자백하게 만들고는 돈을 갈취하여 노예 삼았습니다. 때로는 하나님과 나만 알아야 하는 것도 있는 법입니다.

21. 성별 Consecration

Q. "성별"이란 무슨 뜻인가요? 얼마나 성별하여 거룩해져야 한다는 건가요?

A. 오늘날 (성경에서 직접 쓰지는 않지만) 성별의 의미는 나와 내가 가진 모든 것을 하나님께 드린다는 맥락으로 사용합니다. 성경에서 말하는 성화란 실질적으로 자기를 거룩하게 한다는 의미입니다. 하나님을 위해 '따로 떼어 놓는 것'을 뜻하지요.

모든 그리스도인은 궁극적으로 자신을 하나님께 드려야 합니다. 나와 내가 가진 모든 것을 하나님의 손에 넘겨 드리면 하나님은 그 사람과 그 사람의 손에 있는 모든 것을 이용하여 자신의 바람을 이루시며 원하는 곳에 보내어 일하게 하시지요. 따라서 성별하면 하나님의 손에서 절대 벗어나지 말아야 합니다. 하지만 많은 사람이 하나님께 성별하고도 다시 세상으로 돌아갑니다. 삼손이 그런 인물입니다. 삼손처럼 자기 힘을 잘라 버리는 겁니다.삿 13:2~5, 16:1~19 이런 경우라면 다시 하나님께 성별해야 합니다. 물론 성별을 저버리지 않았다고 해도 꾸준히 자신의 성별을 마음에 상기하는 건 좋은 일입니다.

또 성별은 나이가 들수록 우리에게 더 깊은 의미를 지닙니다. 그때 내가 이해한 만큼 하나님께 나를 드릴 테니까요. 말씀을 공부하고 은혜 안에서 자라가면 성별의 깊은 의미를 점점 더 알게 됩니다. 저 역시 수년간 하나님께 나를 온전히 드렸다고 생각했으나 바로 어제 전보다 그 의미를 더 깊이 깨달았습니다.

22. 완벽한 삶 Perfection

Q. 사람이 완벽한 삶을 살 수 있나요?

A. 누구도 죄를 짓지 않는 완벽한 삶을 살 수 없습니다. 완벽한 지식을 갖추지 않는 한 말입니다. 가장 정직한 사람이라 할지라도 도덕적 판단에서 실수하기 마련입니다. 우리는 말씀을 공부하며 하나님의 뜻에 관한 지식 안에서 계속 자라갑니다. 어느 면에서든 하나님의 높은 뜻에 미치지 못하면 우리 인생은 완벽하지 못합니다.

그러나 우리가 완벽한 인생을 살지 못할지언정 떳떳한 인생은 살 수 있습니다. 즉, 성경이 계시하는 하나님의 뜻에 담긴 가장 고상한 명철을 따라 살 수 있다는 거지요. 나의 무지가 내 소홀함 때문이 아니라면 몰랐다고 해서 혼나지는 않습니다.골 1:21~23, 살전 2:10, 3:13, 5:23 모든 하나님의 자녀는 떳떳이 살고자 해야 하며 가장 결백하게 살도록 이끄는 것은 자신의 부족과 완벽한 삶에서 얼마나 동떨어져 있는지를 아는 데서 옵니다.

Q. 죄를 짓지 않는 완벽함에 관한 교리가 성경에 부합하나요? 요한일서 3장 6, 9절과 요한일서 1장 8, 10절은 모순이 아닙니까?

A. 요한이 무엇이라 말하는지 정확히 인지한다면 전혀 모순이 아닙니다. 요한일서 3장 6절에서 **그분 안에 거하는 자마다 죄를 짓지 아니하나니**라고 했습니다. 죄를 짓지 않는다는 것은 말 그대로 죄를 행하지 않는다는 의미입니다. 여기서 동사의 시제가 현재이므로 꾸준히 이어지는 현재의 행위를 가리킵니다. 요한이 말하는 바는 그리스도인이 절대로 죄를 짓지 않는다는 뜻이 아니라 죄를 짓는 행위, 곧 죄를 계속 짓지 않는다는 의미입니다. 이 구절에서 사용한 말의 정확한 의미가 그렇습니다. 요한일서 3장 9절도 동일하지요. **하나님께로부터 태어난 사람은 누구나 죄를 짓지 아니하나니** (죄를 실행으로 옮기지 않음) **이는 하나님의 씨가 그 사람 안에 거함이요, 또 죄를 지을 수 없는 것은** (죄의 행위를 실천으로 옮기지 않음) **그가 하나님께로부터 태어났기 때문이라.**

요한이 죄를 어떻게 정의하는지 주목해야 합니다. 같은 장 4절입니다. **죄는 곧 율법을 범하는 것이라.** 이 말에 따르면 죄란 하나님의 뜻에 반한다는 사실을 알면서도 짓는 행동을 가리킵니다. 당연히 그리스도인이라고 하더라도 하나님의 뜻에 반한다는 사실을 인지하지 못한 채 어떤 행위를 할 수 있습니다. 따라서 여기서 사용한 엄격한 '죄'라는 의미에서 보면 죄를 지은 것이라고 말할 수는 없겠지요. 나중에 하나님의 뜻을 알게 되면 그 행위가 옳지 않다는 점을 깨닫고 자백하여 용서받으면 됩니다. 하지만 그리스도인이 하나님의 뜻에 반한다는 사실을 알면서도 고의로 죄를 짓는 행동은 하지 말아야 합니다.

이제 요한일서 3장과 1장의 내용이 모순이 아니라는 점은 명확합니다. 요한일서 1장 8절은 **우리가 우리에게 아무 죄도 없다고 말하면 우리 자신을 속이는 것이**라고 말합니다. 이는 지금 하나님의 뜻에 반하는 일을 하지 않으니 죄가 없다는 주장은 자신을 속이는 일이라고 지적하는 것이 아닙니다. 분명 하나님의 뜻과 상충하여 하지 않는 경우가 있습니다. 여기서 요한의 요지는 본인은 용서받아야 하는 죄가 없다고, 예수 그리스도의 피로 깨끗하게 씻어야 하는 죄가 없다고 주장하는 사람을 가리키는 겁니다.요일 1:7~9 따라서 죄를 절대로 지어본 적이 없다고 말한다면 자기를 속이는 셈이고 그런 사람에게는 진리가 없습니다.

같은 장 10절에서 **우리가 죄를 짓지 아니하였다고 말하면**이라고 덧붙입니다. 이렇게 말하면 자신을 속이는 것은 물론이거니와 **하나님을 거짓말쟁이로 만드는 것이며 그분의 말씀이 우리 안에 있지 않은** 겁니다. 지금 당장 죄를 행하지 않을 수 있습니다. 그리스도인도 마찬가지입니다. 그러나 과거에 죄를 지으며 살아왔습니다. 죄를 전혀 지은 적이 없다고 주장한다면 하나님을 거짓말쟁이로 만들 뿐만 아니라 그분의 말씀이 그 사람 안에 있지 않습니다. 성경에서 모순처럼 보이는 부분은 저자가 한 말에 무슨 영감이 주어졌는가를 정확하게 살펴보면 답을 알게 됩니다.

23. 악인의 번영 Prosperity of the wicked

Q. 선한 사람은 가난에 허덕이는데 어떻게 거룩하고 의로운 하나님께서 악인이 번영하도록 놔두시는 겁니까?

A. 우리가 번영이라고 지칭하는 현상이 종종 실제로는 저주일 때가 있습니다. 다른 말로 가난이 이따금 엄청난 축복이기도 합니다. 하나님께서 의인이 가난으로 고생하여도 허락하신 이유는 그것이 가장 필요하기 때문입니다. 모든 요소를 이미 고려하셔서 허락하신 겁니다. 제가 하나님께 자주 감사드리기는 아버지가 제게 막대한 돈을 한꺼번에 상속해주지 않았다는 점입니다. 물론 그 덕에 너무 가난하게 살며 고생하긴 했지만요. 전 아내와 아이들을 데리고 낯선 외국어를 말하는 외국 도시에서 돈 한 푼 없이 사는 삶이 무엇인지 잘 압니다. 그때는 힘들었지만 지금은 그렇게 해주신 하나님께 감사합니다. 당시의 고생이 커다란 축복을 가져왔으니까요. 가난하면 하나님께 더 가까이 갑니다. 하나님께 더 깊이 의지하게 되지요. 무서워 죽을 것 같다기보다 하나님께 더 감사하게 됩니다.

시편의 저자 역시 이런 곤혹에 빠졌습니다. 시편 73편 3절에서 이렇게 말하지요. **이는 내가 악인의 번영을 보았을 때 어리**

석은 자를 시기하였음이니이다. 12절과 13절에서 이렇게 덧붙입니다. '**보소서, 이들은 악인들이나 세상에서 번성하며 그 재물이 늘어 가나이다. 진실로 내가 내 마음을 깨끗게 하고 무죄함으로 내 손을 씻은 것이 헛되니**' 하지만 뒤에 가서 이 복잡한 심경이 하나님의 성소에 들어갔을 때, 곧 그분과 교제하며 해소되었다고 노래합니다. 이 난제가 풀린 것입니다. 그는 악인의 최후를 알았습니다. 악인의 번영은 잠시뿐이며 하나님께서 이들이 미끄러질 장소를 마련하여 순식간에 황량하게 만든다는 미래를 보았습니다.

반대로 저자는 자신을 바라보았습니다. 대개 의롭게 행했던 그는 가난했지만 하나님과 꾸준히 함께했습니다. 하나님이 그를 붙들고 계셨습니다. 시험과 시련으로 세상에서 추락할 때 하나님은 우리를 조언으로 이끄시고 불에서 나와 깨끗하게 되면 그분의 영광을 우리에게 주십니다.

많은 어려움이 어디서 올까요? 이 세상이 전부가 아니라는 사실을 망각할 때 옵니다. 지금 세상은 향후 영원한 세상을 위한 준비 단계일 뿐입니다. 이번 생에서 좋은 것을 누리지 못할지언정 영원한 삶에서 좋은 것을 누리는 것이 진정 행복임을 잊지 마세요. 악인은 지금 좋은 것을 누릴지라도 영원에서는 누리지 못합니다.눅 16:25

24. 금식 Fasting

Q. 그리스도인도 금식을 해야 합니까?

A. 그렇습니다. 그리스도인은 자신과 타인에게 복을 가져다주는 일이라면 힘이 닿는 데까지 노력해야 합니다. 금식이 분명 금식하는 사람뿐만 아니라 다른 사람에게도 복을 가져다 주었다는 사례가 많습니다.

종종 금식이 기독교가 아닌 유대교의 의식이라고 말하는 사람이 있습니다. 하지만 이는 성경이 가르치는 바와 상이합니다. 사도행전 13장 2절을 보면 **그들이 주를 섬기며 금식하고 있을 때** 사울과 바나바에게 안수하여 예수께서 하달한 사역을 위해 떠나보냅니다. 사도행전 14장 23절도 장로들을 선임할 때 **금식 기도**를 했다고 말합니다.

음식을 먹지 않아서 사람한테 좋은 것은 없습니다. 그러나 하나님 앞에서 금식을 통해 취하는 겸손의 자세는 능력이 있습니다. 금식이라는 행위를 통해 내가 무가치하다는 점을 정확하게 고백하기 때문입니다. 정직하게 하나님의 얼굴을 뵙고자 노력하면 필요한 음식을 먹지 않을 힘이 생기며 온전히 기도에 전념할 수 있습니다.

오늘날 교회에 축제나 불성실한 자세보다 금식과 기도가 더 많았다면 하나님을 위해 펼친 사역이 부흥하는 놀라운 모습을 보았을지도 모릅니다.

25. 교회 Church

Q. 교회 가입 조건은 무엇입니까?

A. 신약에서 사용된 '교회'라는 단어의 용례는 다음과 같습니다.

① **그리스도의 몸**마 16:18, 행 2:47, 20:28, 엡 5:24~25, 골 1:18,24
② **한 지역에 있던 그리스도인 무리**살전 1:1
③ **정기적으로 만나 예배를 드리는 지역 모임**롬 16:3~5

그리스도의 몸으로서 교회의 가입 조건은 우선 진심으로 예수 그리스도를 영접하였는가 여부입니다. 그분을 삶의 주인이자 스승으로 모시며 세상을 향해 그 사실을 고백했는가입니다.롬 10:9~10 실제 지역별로 있는 교회의 가입 조건은 교회마다 다릅니다. 대부분의 교회는 가입하려는 사람이 정말로 죄를 회개하고 그리스도를 구주로 영접했으며 자기 삶을 그분께 드렸는지 봅니다. 세부적인 내용은 다르지만 교리 신조를 제출해야 하는 교회도 있습니다. 보통 이야기하는 신앙 고백이나 교단 및 교파에 따른 세세한 신조 같은 것을 말합니다. 일부 교파는 회원 가입 요건으로 침례를 요구하기도 합니다.행 2:38,41,47

Q. 마태복음 16장 18절의 의미가 무엇인가요?

너는 베드로라. 그리고 이 반석 위에 내가 나의 교회를 세우리니

이 구절은 그리스도께서 베드로 위에 교회를 세우시겠다는 것인데 그렇다면 베드로 위에 세운 로마 가톨릭 교회가 유일한 교회라는 걸 증명하는 것 아닌가요?

A. 이 구절은 그리스도께서 자신의 교회를 세우겠다는 반석이 베드로라고 말하는 것이 아닙니다. 베드로의 이름은 그리스어로 페트로스Πέτρος 입니다. 이는 "바위 조각"이라는 의미지요. 이 구절에서 '반석'이라고 번역한 단어는 페트라πέτρα 입니다. 말 그대로 반석, 바위라는 의미입니다. 베드로는 마태복음 16장 16절에서 이렇게 고백했습니다. **주는 그리스도, 곧 살아 계신 하나님의 아들이시니이다**. 교회가 세워진 반석은 살아 계신 하나님의 아들, 곧 그리스도입니다.

이 닦아 놓은 기초 외에 아무도 다른 기초를 놓을 수 없나니 이 기초는 예수 그리스도시라.고전 3:11

베드로는 예수님을 그리스도, 곧 살아 계신 하나님의 아들이라고 고백함으로써 그 반석 위에 바위가 된 겁니다. 누구든지 교회가 세워진 반석 위에 있다면엡 2:20~22 베드로와 같습니다.

게다가 로마 가톨릭 교회는 베드로 위에 세워지지 않았습니다. 베드로가 로마 교회의 첫 주교였다는 증거가 없습니다. 설령 베드로가 로마에 있었다고 해도 그것만으로 그를 계승했다고 입증할 만한 무언가가 없습니다. 베드로의 뒤를 잇는 진정한 계승자는 베드로처럼 그리스도 위에 서 있는 사람입니다. 같은 교리로 같은 삶을 사는 사람입니다.

Q. 베드로가 첫 번째 교황이었나요?

A. 아닙니다. 베드로가 죽은 이후에도 한참 동안 교황은 없었습니다. 베드로가 살아생전 뿌려본 적 없는 씨에서 뻗어 나온 결과물이 교황 교회이지요. 베드로는 교황과 거리가 먼 사람입니다. 바울이 베드로를 공개적으로 책망하는 장면을 생각해보길 바랍니다. 갈 2:11~14

앞서 답변했듯 베드로가 로마 가톨릭 교회의 주교였다는 증거는 전혀 없습니다. 베드로가 로마에 갔다는 명확한 증거 역시 없습니다. 하지만 설령 로마에 갔다고 한들 지금 우리가 생각하는 교황은 절대 아니었습니다. 성경 어디에도 교황 같은 제도를 승인한 구절은 없습니다. 오히려 예수님은 그렇게 하지 말라고 말씀하셨습니다. **그러나 너희는 랍비라 불림을 받지 말라. 이는 너희 선생은 한 분, 곧 그리스도요, 너희는 모두 형제이기 때문이라. 또 땅에 있는 사람을 너희 아버지라 부르지 말라. 이는 너희**

아버지는 한 분, 곧 하늘에 계신 분이기 때문이라. 마 23:8~10 교황은 이 구절을 근거로 자신이 '아버지'라고 불려야 한다고 주장하나, 예수님은 그런 의미로 사람을 아버지라고 부르는 것을 금지하셨습니다.

Q. 마태복음 16장 19절의 의미는 무엇인가요?

그리고 내가 천국의 열쇠들을 너에게 주리니,
네가 무엇이든지 땅에서 묶으면 하늘에서도 묶일 것이요,
또 네가 무엇이든지 땅에서 풀면 하늘에서도 풀릴 것이니라.

이 구절에 따르면 베드로가 천국을 여닫을 권한이 있는 것 아닙니까? 그렇다면 베드로 위에 세운 로마 가톨릭 교회가 진정한 교회 아닌가요?

A. 이 구절은 전혀 그런 의미가 아닙니다. 유대인 랍비들은 수하에서 공부한 사람이 수학을 완전히 마치면 열쇠를 주는 관습이 있었습니다. 이제 천국의 비밀을 풀 수 있다는 의미였지요. 그리스도께서는 이 관습을 빗대어 말씀한 겁니다. 베드로는 그리스도께서 살아 계신 하나님의 아들이라는 고백을 통해 하나님 아버지께서 그에게 진리를 보여주셨음 마 16:17을 입증했습니다. 예수님은 성령이 임하는 날을 고대하며 그때가 되면 베드로가 모든

진리를 이해하여요 16:12~14 사람들에게 천국으로 들어가는 길을 안내할 능력이 생길 것이라고 말씀한 겁니다. 성령이 내주하는 사람이라면, 성령께서 가르친 사람이라면 누구든 천국의 열쇠를 갖고 있습니다. 영적인 안목이 생기고 천국으로 가는 문을 열어 줄 능력이 생기지요.

'묶다'와 '풀다'라는 동사는 예수님이 계시던 당시 허락과 금지의 의미로 자주 사용됐습니다. 랍비들은 금지의 의미로 '묶다'라는 동사를, 허락의 의미로 '풀다'라는 동사를 썼습니다. 베드로를 비롯한 다른 제자들은 영이 충만한 사람으로서 하나님께서 무엇을 허락하고 금지하셨는가 이해하는 안목이 있었습니다. 베드로가 성령으로 충만한 사람으로서 이 땅에서 금지하면 하늘에서도 금지되고 승인하면 하늘에서도 승인하리라는 말이지요.

오순절 날 베드로가 유대인에게 천국의 열쇠를 사용하는 장면이 나옵니다. 그날 삼천 명의 사람이 천국에 들어갔습니다. 사도행전 10장을 보면 베드로가 이 열쇠를 이방인에게도 사용합니다. 그날 한 가족 전체가 천국에 들어갔습니다.

성령의 능력으로 복음을 전파하는 사람이라면 누구나 이 열쇠를 사용합니다. 베드로만 이 열쇠를 가졌던 것이 아니라 오늘날 많은 그리스도인 역시 이 열쇠가 있습니다. 우리가 성령님의 가르침을 받는다면 하나님이 무엇을 허락하시고 금하시는지 알 수 있는 분별력이 생깁니다. 따라서 우리가 땅에서 금지하면 하늘에서도 금지되고 땅에서 승인하면 하늘에서도 승인될 겁니다.

Q. 현대 교회들이 너무 세속적이고 오류로 점철되어 있는데 정직한 그리스도인은 어떻게 해야 합니까? 이래도 교회를 다녀야 하나요?

A. 예. 저 역시 오늘날 많은 교회가 세속화하고 또 여러 강단에서 잘못된 교리가 설파된다는 사실을 잘 압니다. 하지만 아무리 그렇다고 해도 교회는 세상에서 가장 좋은 기구입니다. 만일 교회가 없었다면 지금 세상이 어떻게 되었을까요? 비록 완벽하지 못한 교회라 할지라도 완전한 타락에서 죄인을 건져낼 수 있는 것은 교회입니다.

그리스도인이라면 혼자의 힘으로 신앙생활을 하는 것보다 교회와 함께할 때 혼의 구원을 이루고 그리스도인의 특징을 갖춰 가며 좋은 교제를 나눌 수 있기에 더 큰 성과를 냅니다. 때로는 교회 안에 두드러지는 죄에 맞서 목소리를 내야 할 겁니다. 그 목소리에 아무도 귀를 기울이지 않는다면 교회 모임에서 탈퇴해야 하겠지요. 하지만 이런 경우는 상대적으로 드뭅니다.

엄청난 타락, 곧 입에 담기조차 어려운 부도덕이 고린도 교회 안에 스며들었을 때조차 바울은 교회 회원들에게 교회를 떠나라고 말하지 않았습니다. 바울은 편지를 보내 성적 부도덕을 저지른 사람을 판단하고 그를 교회에서 내보내라고 말합니다. 절대 전부 교회를 떠나라고 말하지 않았습니다.고전 5:1~13 예수님 역시 유대인들이 쫓아내기 전까지 성전으로 가셨습니다.눅 4:15~30 성전에서 드리는 예배가 형식적이고 문제가 많았지만, 주님은 안식일 날 성전에 가셨습니다. 바울 역시 이런 본을 따랐지요.행 17:2 오늘날 성실한 그리스도인 다수가 하나님과 선을 향한 능력, 영향력을 전부 잃어버렸습니다. 이는 다른 교인들(물론 그들 역시 올바른 지침을 따르지 않지만)과 교제를 끊고 가혹한 비난에 자포자기해서 그렇습니다.

어떤 사람은 요한계시록의 "**그녀에게서 나오라**."계 18:1~4는 구절로 자신의 행동을 정당화합니다. 이 구절에서 말하는 그녀, 곧 바빌론바벨론은 문맥상 적그리스도가 일군 부도덕한 영과 우상을 가리킵니다. 바빌론에서 나오라는 성경 말씀 자체는 사실이지만, 이 바빌론은 결론적인 의미에서 아직 생기지도 않았습니다. 요한계시록 14장 이후의 일은 교회가 휴거된 다음에 일어날 일입니다. 지금이 아닙니다. 바빌론에서 나오라는 명령을 현재 시대에 적용하는 것은 하나님의 말씀을 헛되이 다루는 행태이고 진리의 말씀을 올바로 나누는 것딤후 2:15도 아닙니다.

물론 교회 목사가 계속 명백한 오류나 치명적인 교리를 설교한다면 누군가 맞서야 합니다. 그런 잘못된 교리를 우리 자녀들이 앉아서 듣도록 놔두어서는 안 됩니다. 하지만 다시 말씀드리건대 이런 경우는 상대적으로 드뭅니다.

Q. 교단이나 교파 간의 차이를 어떻게 보십니까? 기독교라는 종교의 입장에서 볼 때 교파가 좋기보다는 오히려 해가 더 많지 않나요?

A. 두말할 필요 없이 그렇습니다. 교파는 득보다 실이 많습니다. 교파의 핵심 사상은 결국 분열의 단초이기 때문입니다. 교파를 종용하는 생각은 바로 분열입니다.

하지만 종파가 꼭 분파를 형성하는 건 아닙니다. 서로 남들이 보지 못한 관점에서 진리를 보았기 때문에 여러 교파가 생겨났습니다. 그런 사람 주변에 다른 사람이 모여 어떤 진리의 특정 측면을 따르라고 강요해서 그렇습니다. 실례로 회중교회파와 장로교회는 영국과 스코틀랜드에서 출발했는데 성도 개인의 자유라는 진리를 지지했습니다. 이 계통의 교파가 성장하며 이 진리를 중심으로 다른 진리가 드러났지요. 퀘이커교는 성도 개인을 위한 성령의 인도와 조명에 초점을 맞췄습니다. 감리교는 중생의 경험과 거룩한 삶의 필요성을 들고 일어났습니다. 감리교의 가르침에도 점차 다른 진리들, 가령 자유 의지 같은 요소가 추가되었습니다. 분명 중요하지만 도외시된 진리를 강력히 주장했다는 측면에서 교파는 좋은 역할을 수행했습니다. 인간은 완벽하지 않기 때문에 한 사람이 하나님의 진리에 담긴 전부를 취할 수는 없습니다. 누군가는 진리의 가지 중 이것을 집중해서 보고, 누군가는 진리의 가지 중 저것을 집중해서 보기 때문에 교파는 당연히 생길 수밖에 없습니다. 지금은 각 교파가 서로가 주장했던 진리를 이해하고 수용하면서 전보다는 그 특징이 약해졌습니다.

Q. 구제 활동을 하는 교회를 어떻게 생각하십니까? 신약성경에서 제시하는 교회의 사역에 해를 끼치는 건 아닌가요?

A. 구제 활동을 하는 교회란 복음을 전파하고 성경을 가르쳐서 그리스도인을 바로 세우는 사역뿐만 아니라 다양한 부속 기관을 통해 교회 회원과 회중의 심적, 물적 복지를 제공하는 것입니다. 이런 사역이 반드시 신약성경에서 제시하는 교회 사역에 해를 끼치지는 않습니다. 영성을 함양하기 위한 물적, 심적 도움을 제공한다면 상당히 의미 있는 보조 사역으로 자리매김 할 수도 있지요.

초기 교회 역시 어느 정도 구제 활동을 하는 교회였습니다. 구성원의 생계를 돌보았고행 6:1~5 모든 재산을 함께 나누어 썼으며행 2:44~45, 4:34~35 이런 환경 아래 하나님의 말씀이 기세를 얻고 부흥했습니다.행 2:46, 4:4, 5:14, 6:7 물론 이런 사역이 많지는 않았고 아주 커지지도 않았습니다. 오늘날도 이와 비슷하게 교회는 교회 구성원의 물적, 심적 복지를 위해 다양한 사역을 펼칠 수 있습니다. 교회가 빈곤한 지역에 있다면 사람들이 겨울에 난방을 땔 수 있도록 재정을 지원하거나 관련 상담을 제공할 수 있을 겁니다. 도서관을 운영하거나 교육 수업 등 여러 가지가 있겠지요. 많은 선한 일을 할 수 있으나, 이 모든 활동은 복음을 전하기 위한 목적에 부합해야 합니다. 남녀노소 모두에게 예수 그리스도를 아는 지식을 전달하기 위한 수단이 되어야 한다는 겁니다.

문제는 이런 구제 활동을 하는 교회에는 늘 도사리는 위험입니다. 그 위험이란 봉사가 주도권을 꿰차서 복음 전파를 부차적인 것으로 밀어내어 그 목적성을 상실하는 겁니다. 이런 사례는 어느 나라나 꼭 있습니다. 늘 위험 요소를 안고 있지요. 만일 목적이 바뀌면 신약성경에서 제시한 교회의 실제 사역에 해를 끼치게 됩니다. 교회가 해야 할 첫 번째 사역은 잃어버린 혼을 찾아서 구해내는 겁니다.눅 19:10, 마 28:19~20 두 번째 사역은 회중의 영적 생활을 돌보는 것입니다.행 20;28, 벧전 5:2~4 세 번째는 진리의 지식을 가르치는 일입니다.엡 4:11~12 교회가 운영하는 부속기관이 이 세 가지를 바탕에 두지 않는다면 득보다는 실이 많습니다. 하지만 신실한 기도와 목적에서 벗어나지 않겠다는 일념으로 사람들을 그리스도께 인도한다면, 모든 것이 복음을 전파하여 잃어버린 혼을 구원하고 성도를 고양하는 목적에 부합한다면 이런 구제 사역은 아주 큰 도움이 될 겁니다.

Q. 구원받지는 않았으나 도덕적인 사람에게 주일 학교 수업 또는 교회의 영적 사역을 맡기는 게 과연 옳은 일일까요?

A. '과연'이라는 단어는 상당히 포괄적인 의미입니다. 가장 이상적인 모습은 거듭나고 영적인 사람이 주일 학교 수업을 맡거나 찬양대에 참여하는 것이겠지요. 제가 일하는 교회를 일례로 보자면 찬양대에 참여하기 위한 조건은 다음과 같습니다. 우선 거듭

났다는 선한 간증이 있어야 합니다. 둘째는 노래를 잘 불러야 합니다. 물론 거듭나지 않은 사람이 주일 학교 수업을 진행하는 모습도 생각해 볼 수 있어요. 예를 들어 제가 어떤 마을을 방문하여 복음 집회를 열려고 하는데 그 마을에는 주일 학교나 기타 사역이 전무하다고 가정해봅시다. 마을을 떠나기 전에 주일 학교를 시작하려고 한다면 도덕적인 사람에게 성경을 가르치라고 부탁할 수는 있겠지요. 어디까지나 그리스도인이 없다는 가정 아래 그렇습니다. 그렇게 학교를 시작하고 하나님의 영을 신뢰한다면 성경을 주제로 하는 강의가 가르치는 사람이나 배우는 사람 둘 다에게 축복이 될 겁니다. 그 사람은 교사로 활동하며 그리스도를 개인적으로 영접해야 할 필요성과 기회 모두 얻는 셈입니다.

세계를 돌아다니며 복음 전도 집회를 열었고 이런 집회에서 노래한 찬양대원 중에는 종종 거듭나지 않은 사람도 분명 있었습니다. 이런 점을 역으로 활용해 복음을 전할 기회로 선용했으며 수많은 사람이 하나님을 믿었습니다.

Q. 자매가 교회 사역에서 맡을 수 있는 역할에 제한을 두는 근거가 무엇입니까?

A. 성경 어디에도 자매가 교회에서 우위를 점할 권위를 허락하는 구절은 없습니다. 만일 어떤 자매가 그런 위치에 발을 들인다면

정도에서 벗어나는 겁니다. 교회에서 권위를 갖고 가르치는 자리에 오른다면 성경의 보편적 가르침을 거스르는 거지요.

나는 여자가 가르치는 것이나 남자에게 권위를 행사하는 것을 허락지 아니하노니 다만 조용할지니라. 딤전 2:12

하지만 자매 역시 활동할 수 있는 많은 사역이 있습니다. 부활한 그리스도를 알리라고 임명된 첫 전파자는 자매였습니다. 예수님은 직접 남자 제자들에게 자신의 부활을 알리라고 명령하셨습니다. 요 20:17~18, 마 28:5~10 예언하는 은사도 있습니다. 행 21:9 성경에는 여자에게 교회 안에서 말하지 말라는 명령이 있지만 고전 14:33~35, 반대로 어떻게 예언해야 하는지에 대한 지침도 있습니다. 고전 11:5 바울은 복음 전도에 힘썼던 자매를 말하기도 합니다. 빌 4:3 브리스길라가 남편이었던 아굴라보다 은사가 더 많았다는 점 역시 분명해 보입니다. 그녀는 아볼로를 보고 남편과 함께 형제들에게 데려가 하나님의 도를 더 정확하게 설명해주었지요. 행 18:26 개역판 RV 은 그녀의 이름을 남편보다 먼저 말합니다.

Q. 교회에서 모금은 어떻게 이루어져야 성경에 부합하나요?

A. 성경이 제시하는 모금 방식은 그리스도인이 원하는 만큼 내는 겁니다. 매주 첫날 수입의 일부를 따로 떼어 놓았습니다. 고전 16:2

분명한 사실은 장날을 열거나 물건을 파는 등의 방식은 성경이 제시하는 모금 방법이 아닙니다. 이것은 그리스도의 교회를 구경거리로 전락시키는 꼴입니다. 비즈니스 관점에서도 좋은 방법이 아니지만, 예수 그리스도의 명예를 실추시키는 일입니다. 교회가 성공하려면 하나님의 말씀에 순종하여 각자 원하는 만큼 드리는 물질로 모금해야 합니다. 금세 교회와 사역을 위한 돈이 더 많이 모일 겁니다. 세상에서조차 비난하는 방식으로 돈을 모아 그리스도의 명예를 더럽히는 교회들 보다 훨씬 더 풍족해질 것입니다.

Q. 구원받지 않은 사람에게 돈이나 물건을 기증하여 교회 사역을 도와달라고 하시겠습니까?

A. 아니요. 절대 그렇게 하지 않을 겁니다. 하나님은 자신의 사역을 수행하는 일에 있어 대적의 도움이 필요하지 않습니다. 하나님의 사역은 그분을 믿는 사람들이 기쁨과 자원으로 드리는 물질로 운영해야 합니다. 더욱이 구원받지 않는 사람이 하나님의 사역에 지원한다면 이들에게 목을 맬 수밖에 없고 재정이 더 어려워질 겁니다. "나는 이 교회를 지원한다네."라는 말은 여러 사람에게 천국에 들어가는 길이란 이와 같은 것이라고 착각하게 만듭니다.

물론 구원받지 않은 사람이 자기 의지로 헌금이든 기부이든

할 수 있습니다. 그런 모습을 보면 멈칫하게 됩니다. 거절하면 상대에게 모욕감으로 느껴질 수 있으니까요. 하지만 이미 냈다면 단순히 돈이 아니라 구원받지 않은 혼을 찾았다고 생각하여 돈을 받기 전에 먼저 주님께 그 사람을 인도하겠습니다.

26. 성찬식 Communion

Q. 교회 회원이 아니더라도 그리스도인이라고 한다면 성찬식에 초대해도 될까요?

A. 예수님은 모든 그리스도인에게 이렇게 말씀하셨습니다.

이것을 행하여 나를 기억하라. 고전 11:24

따라서 모든 그리스도인은 성찬식을 할 특권이 있습니다. 교회의 회원 여부에 상관없이 말입니다. 하지만 모든 그리스도인에게 교회에 참석해야 할 중요성과 필요성을 강조하는 바입니다.

27. 세족 Footwashing

Q. 왜 기독교인들은 요한복음 13장 3~7절 말씀처럼 서로 발을 씻어주지 않나요?

A. 위 구절은 모든 그리스도인이 반드시 서로 발을 씻어주어야 한다는 명령이 아닙니다. 오늘날 그렇게 하는 교회 역시 없습니다. 이 구절에서 명령하는 바는 혹여 누군가 발을 씻어야 한다면요 13:10, 그런 작은 섬김이라 할지라도 수행할 준비가 되어 있어야 한다는 요지입니다. 예수께서 제자들에게 해주셨던 것처럼 말이지요.

예수님께서 세족식을 교회에서 하라고 명령한 암시는 전혀 없습니다. 제자들은 거리를 걷다가 들어왔기 때문에 발에 흙먼지가 많았던 상황입니다. 구절이 암시하듯 이미 목욕한 상태요 13:9~10였으며 다시 몸을 전부 씻을 필요가 없었습니다. 신발이 샌들이었기 때문에 밖에서 걷다 보면 더러워졌고 그래서 씻어야 했던 겁니다. 이런 상황에서 제자들은 서로 발을 씻겨주는 걸 꺼렸습니다. 낮은 자세로 섬기는 본을 보이려는 사람이 없었지요. 그래서 예수께서 자신이 아버지에게서 왔고 다시 갈 것을 아셨기에, 아버지께서 자신의 손에 모든 것을 넘겨주셨음을 아셨기에 탁자에서 일어나 발을 닦아주는 하찮은 일을 몸소 해주신 겁니다.

예수님의 행동은 어떤 의식을 치르듯 씻을 필요 없는 발을 닦아주신 것이 아닙니다. 당신처럼 똑같이 하라고 보여주시려는 의도가 아닙니다. 이 구절이 주는 교훈은 매우 평이합니다. 서로를 사랑한다면 서로를 위해 이런 하찮은 섬김도 마다하지 말라는 말씀입니다.

28. 헌금 Giving

Q. 종교 목적으로 수입의 십일조를 해야 한다고 생각하십니까?

A. 예. 그리스도인이 무언가를 드리는 첫 시작점이라고 봅니다.

Q. 사역을 위해 돈을 내는 문제에 있어 기독교인을 위한 성경의 지침은 무엇인가요?

A. 그리스도인 누구도 무언가를 강제로 바쳐야 하지 않습니다. 이 말인즉슨 성경에 그리스도인에게 얼마큼 내라, 혹은 내지 말라고 하는 절대적인 법이 없다는 거지요. 하지만 그리스도인은 하나님께 자신이 가진 전부를 드려야 마땅합니다. 동전 한 푼까지도 하나님이 주신 것이기 때문입니다. 본인과 가족을 위해 쓰는 돈은 이 목적에 부합해야 합니다. 다른 것보다 그렇게 돈을 쓰는 것이 하나님께 더 영광을 돌려드리는 일이라고 생각한다면 말이지요.

구약에서 유대인은 율법에 따라 수입의 1/10을 바쳐야 했습니다. 그 외에 나머지는 원하는 대로 바쳤습니다. 이 유대인의 율법은 우리가 무언가를 드리는 일에 있어 어디에서부터 시작해야 하는지 교훈을 줍니다. 그렇다고 1/10만 드리고 말지는 마세요. 십일조 외에도 아주 적은 돈까지 어떻게 써야 할지 인도해달라고 구해야 합니다.

십일조를 성심껏 드렸던 많은 그리스도인이 커다란 복을 누렸습니다. 정말로 주님께 1/10을 떼어 놓자 전에 없던 번영을 경험했습니다. 체계적으로 수입에서 1/10을 떼어놓지 않는 많은 그리스도인이 많이 드린다고 착각합니다. 잊지 말고 십일조를 준비해보세요. 십일조를 내지 않았던 때보다 훨씬 많이 드릴 수 있게 된다는 점을 깨달을 겁니다.

바울은 예루살렘의 가난한 그리스도인을 위해 모금하는 일에 있어 '세 가지 법칙'을 제시합니다. 이는 헌금에 관한 간단하면서도 실질적인 가이드라인을 제시합니다. 고린도전서 16장 2절을 보세요.

① 매주 첫날에 ② 따로 저축하여 ③ 형편에 맞게

이 세 가지 원칙에 따라 헌금을 하세요.

Q. 마태복음 5장 42절에 따르면 누군가 돈을 달라고 하면 주머니를 털어서라도 줘야 하는 것 아닌가요?

너에게 구하는 자에게 주며 너에게 빌리고자 하는 자로부터 돌아서지 말라.

A. 이 구절은 분명 제자들에게 사양하지 말고 주라는 가르침입니다. 하지만 그것이 꼭 돈일 필요는 없습니다. 베드로와 요한은 아름다운 문에 있던 앉은뱅이에게 그가 필요한 것을 주었습니다. 그건 돈이 아니었지요. 더 좋은 것을 주었습니다. 행 3:2~8 바울은 데살로니가후서 3장 10절에서 일하기 싫거든 먹지도 말라고 했습니다. 이 말은 부랑자가 달라는 것을 주지 말라는 의미가 아니라 무엇을 주어야 하는가에 대한 분별력을 갖추라는 뜻입니다.

마태복음 5장 42절 말씀에 곧이어 예수님은 하늘에 계신 아버지가 태양을 악인과 선인 위에 떠오르게 하시며, 의로운 자와 불의한 자 위에 비를 내린다고 알려주십니다. 우리 역시 아버지처럼 주어야 합니다. 하나님은 구하면 주시지만, 언제나 내가 구했던 그대로 주시는 건 아닙니다.

29. 사역 Missions

Q. 교회와 성도 각각의 삶에서 사역을 도우려면 어떤 역할을 맡아야 할까요?

A. 아주 중요한 역할이 있습니다. 우리 주님은 제자들에게 마지막으로 이렇게 명령하셨습니다. **너희는 가서 모든 민족들을 가르치고, 아버지와 아들과 성령의 이름으로 침례를 주며**마 28:19 이는 주님과 개인적으로 교제하는 성도에게 약속한 사역과 이어집니다. 우리가 이렇게 한다면 주님은 **세상 끝까지 우리와 항상 함께 있겠다**고 약속하셨지요.마 28:20 따라서 예수님과 개인적으로 교제하기를 바란다면 반드시 세상에 가서 모든 민족을 가르쳐야 합니다. 개인적으로 그렇게 하는 게 어렵다면 자신의 은사나 기도로 도울 수 있지요. 그리스도인이라면 응당 사역에 깊은 관심을 보여야 합니다.

진정한 교회는 겸손한 성도의 교제가 있습니다. 성도 각자의 진정성이 곧 교회의 진정성이기에 이 둘 사이의 협력이 능력과 축복을 더해줄 겁니다.

30. 기도 Prayer

Q. 하나님이 기도에 응답한다는 사실을 어떻게 압니까?

A. 우선 성경이 그렇다고 말씀합니다. 또 저는 성경이 무오한 하나님의 말씀이라는 확실한 증거를 압니다. 성경이 진리라고 말하면 저는 진리인 줄 압니다. 성경은 하나님이 기도에 응답하신다는 많은 구절이 있습니다. 예를 들어 마태복음 7장 11절을 보세요. **너희가 악하다 할지라도 너희 자녀에게 좋은 선물을 줄 줄 알거든 하물며 하늘에 계신 너희 아버지께서 구하는 자들에게 좋은 것들을 주시지 않겠느냐?** 예수님은 제자들에게 살아있는 믿음과 겸손한 사랑으로 뭉치라고 말씀하셨습니다. **또 너희가 내 이름으로 무엇이든지 구하면 내가 그것을 행하리니 이는 아버지로 아들 안에서 영광을 받으시게 하려는 것이라. 너희가 무엇이나 내 이름으로 구하면 내가 행하리라.**

하나님이 기도에 응답하신다는 사실을 아는 또 다른 근거는 그분이 제 기도에 응답하셨기 때문입니다. 여러 차례 수년간 하나님만이 주실 수 있는, 인간의 노력으로는 얻을 수 없는 것을 구했습니다. 누구에게도 제가 무엇이 필요하다고 말하지 않았지만, 하나님은 제가 구했던 바로 그것을 주셨지요. 살면서 하나님께 무언가 특정한 것을 구할 때마다 하나님이 주셨다는 명확한 증거가 있었습니다. 이렇게 구했지요. "하나님께서 제게 이것을 주시면 평생 다시는 주님을 의심하지 않겠습니다." 하나님은 제가 구한 것을 주셨습니다. 한 번은 기도했더니 2시간 만에 6천 달러를 주신 적이 있습니다. 저와 다른 사람이 시카고에 있는 무디 성경 학교를 위해 5천 달러를 기도했더니 우리가 기도했던 지역에서 몇천 킬로미터 떨어진 곳에 사는 이름도 들어보지 못한 누군가가 5천 달러를 보내왔다는 전보를 받았지요. 그 사람은 그 이전에도, 이후에도 무디 성경 학교에 전혀 돈을 보내지 않았습니다. 이런 사례가 많습니다.

이런 사례를 그저 우연에 불과하다고 치부할지 모르겠습니다. 하지만 이런 '우연'이 자주 일어나며 거기에 기도(원인)와 응답(결과)간에 명백한 관련성이 있다면 그저 우연으로 치부할 수 없습니다.

조지 뮐러 형제가 영국 브리스톨에서 운영하던 보육원의 역사는 하나님이 기도에 응답하신다는 타당하고 명백한 증거를 제시합니다. 이 보육원에 있는 아이만 무려 2천 명에 달합니다. 이 아이들이 거기서 먹고 자고 생활하는 데 오랜 기간의 기도 응답이 있었습니다. 어떤 모금도 한 적이 없었고 그렇다고 빚을 진 적도 없었으며 단 한 끼도 먹이지 못한 적 역시 없었습니다. 그런데도 마지막까지 보육원 운영은 늘 버거웠지요. 조지 뮐러의 보육원 운영의 연관성을 살펴보고도 하나님이 기도에 응답하신다는 점을 의심한다면 고의로 불신을 고집하는 것일 뿐만 아니라 입증된 사실을 전혀 비과학적으로 다루는 처사입니다.

Q. 우리가 하나님께 기도하면 그건 하나님에게 그분이 만든 자연의 법칙을 바꾸어 달라고 하는 것 아닌가요?

A. 그렇지 않습니다. 저와 여러분의 아버지 역시 자연의 법칙을 거스르지 않고도 우리가 원하는 것을 들어줄 수 있습니다. 따라서 하늘에 계신 아버지 역시 가능하시지요. 하나님은 그분이 만든 법에 종속되지 않습니다. 그분이 만든 법이 오히려 하나님께 종속되지요. 기도 응답을 위해 자연법칙을 바꾸어야 한다면 하실 수 있습니다. 그러나 필수적인 건 아닙니다. 오랜 시간 저는 기도로 살았습니다. 기도하면 모두 응답을 받았습니다. 저는 하나님이 제 기도에 응답하신다는 점을 압니다. 그러나 기도 응답을 위해 자연의 법칙을 하나라도 바꿔야 한다고 가정해볼 이유는 없다고 생각합니다. 자연의 법칙이 하나님을 지배하는 것이 아니며 하나님이 행동하시는 방법을 정해 놓으신 것이므로 그분의 선택에 따라 제정된 규칙일 뿐입니다. 55과 참조

Q. 미래를 아시는 분께 왜 우리의 필요를 구해야 합니까?

A. 하나님께서 그렇게 하라고 말씀하셨기 때문입니다. 빌 4:6 기도와 응답을 통해 우리는 우리에게 가장 필요한 것이 무엇인지 배웁니다. 하나님께 온전히 의지하는 법을 배우지요. 인간 아버지도 자녀가 구하면 많은 것을 줄 수 있지만, 달라고 하지 않으면 주

지는 않습니다. 구하는 건 자녀에게도 좋은 일입니다. 저로서는 하나님께서 제가 구하면 주시려고 기다리신다는 것이 정말 기쁜 일입니다.

Q. 어느 분께 기도하는 게 맞나요? 하나님 아버지에게만 하나요? 성령과 예수 그리스도께 해도 되나요?

A. 보통 기도의 순서는 성령 안에서 아들을 통해 아버지에게 합니다. 엡 2:18 우리는 그리스도를 통해 하나님께 나아갑니다. 히 7:25 하나님 아버지는 우리가 드리는 기도의 궁극적 신격이십니다.

하지만 성경에는 예수님께 기도하는 선례도 많습니다. 사도행전 7장 59절을 보면 스데반이 성령으로 충만하여 주 예수님을 부르는 장면이 등장합니다. 고린도후서 12장 8~9절에서 바울이 세 번이나 간구한 대상은 예수님이었습니다. 디모데후서 2장 22절에서 그리스도인은 **주를 부르는 자들**로 일컬어지며 디모데후서 4장 8절의 주는 주 예수님을 말합니다. 고린도전서 1장 2절의 그리스도인은 **우리 주이신 예수 그리스도의 이름을 부르는 모든 자**로 불립니다. 로마서 10장 12~13절은 **주께서 그를 부르는 모든 사람에게 부요하다**고 말합니다. 같은 장 9절에서 바울이 말한 주도 주 예수님을 가리키지요.

성령님께 무언가를 직접 요청하는 건 성경에서 딱 한 번 등장합니다. 하나님께서 에스겔에게 마른 뼈에게 '숨을 넣어' 다시 살아나도록 예언하라고 명령하시지요.겔 37:9 그러나 성경은 성령님과의 교제를 말합니다.고후 13:14 더욱이 예수님은 떠나신 후 위로자가 예수님의 자리를 대신하며 그분이 성령이라고 말씀했습니다.요 14:16~17, 15:26 우리는 모든 것을 성령께 의지합니다. 그러므로 성령님을 바라보고 기도를 나타내야 합니다. 성령을 주신 분은 아버지와 아들이시기에요 15:26, 행 2:33 성령께 직접적으로 기도하기보다 아버지와 아들에게 합니다.

Q. 우리의 기도가 전부 응답받지 못하는 이유는 무엇인가요?

A. 이유는 다양합니다. 우리와 하나님과의 관계가 바르지 않거나 하나님이 슬기롭게 응답하실 수 없는 입장에 있을 수도 있지요.벧전 3:7

예수 그리스도의 이름으로 구하지 않아서 응답받지 못하는 사례도 있습니다. 다른 말로 하자면 내가 아니라 예수 그리스도를 의지하여 하나님께 구해야 한다는 겁니다. 우리는 하나님께 요구할 당위성이 없습니다. 내 훌륭함을 바탕으로 하나님께 다가가면 아무것도 얻지 못합니다.

우리가 현명하지 못한 것을 구해서 하나님의 뜻과 조화를 이루지 못하기 때문에 응답받지 못하기도 합니다.요일 5:14~15 끈질기게 구하지 않아서 그런 경우도 있지요.눅 11:5~10, 18:1~8 마지막으로 야고보서 4장 2~3절을 기억합시다. **너희가 구하지 않기**

때문이라. 구하여도 받지 못함은 너희 정욕에다 쓰려고 잘못 구하기 때문이라.

Q. 만일 기도가 응답되지 않으면 그 이유를 어디에서 찾아야 하나요? 나 때문인가요?

A. 거의 확실히 문제는 나한테 있습니다. 저라면 홀로 하나님께 가서 성령과 말씀으로 나를 살펴 달라고 간구하겠습니다. 하나님이 기뻐하시지 않는 무엇이라도 드러난다면 죄를 자백하고 용서받아야 하지요. 만일 그런 것이 없다면 꾸준히 기도하며 하나님께서 우리가 무언가 구할 때 항상 제일 좋은 것을 먼저 주시지는 않는음을 배워야 할 겁니다. 하나님은 우리의 믿음을 늘리고 기다리도록 하여 인내를 가르치십니다. 나이가 들수록 누가복음 18장 1절의 가르침이 피부에 와닿게 느껴집니다. 기도하고 낙심하지 말아야 한다는 사실이 가장 중요하며 우리 마음에 깊이 새겨야 한다는 점이지요.

하나님이 제 기도에 응해주지 않으실 때가 있었습니다. 당시에는 정말 믿음 하나로 살았지요. 그러자 모든 걸 기도로 받았습니다. 그러다가 갑자기 공급이 끊겼습니다. 하나님께 울부짖었지만 아무런 답을 듣지 못했지요. 하지만 다시 하나님을 바라보며 마음을 살펴 달라고 간구한 뒤 삶에서 하나님이 기뻐하시지 않는 것이 있다면 알려달라고 기도했습니다. 주님은 제가 자주 죄라고 인정하지 않던 것을 꺼내 보여주셨습니다. 그날 밤 이렇게 아뢨습니다. “오 하나님, 이것이 옳지 않다면 버리겠습니다.” 하지만 답이 없었습니다. 마음 깊은 곳에서 그것이 언제나 옳지 않았다는 점을 깨달았고 다시 기도했습니다. “오 하나님. 이건 옳지 않습니다. 죄입니다. 제가 버리겠습니다.” 그러자 답이 왔습니다. 잘못은 하나님이 아닌 제게 있었지요. 하나님께 우리의 기도에 응하시는 것보다 더 기쁜 일은 없습니다.

Q. 기도의 순서와 무엇을 구해야 하는지 알려주시겠습니까?

A. 가이드라인은 아래와 같습니다.

① 성경에서 하나님이 기도에 응답했던 사람처럼 되어야 합니다.

그런 사람이란 주 예수 그리스도를 진실로 믿고 그분을 따라 매일 순종하는 삶을 산다는 믿음의 실재를 보여주는 사람입니다. 요 14:13~15. 15:7, 요일 3:22

② 성령 안에서 아들을 통하여 아버지께 기도해야 합니다. 엡 2:18

우리가 기도라고 말하는 많은 기도가 실상 하나님께는 기도가 아닙니다. 하나님을 생각하지 않고 마음으로 그분께 다가가지 않기 때문입니다. 우리가 하나님께 다가가고 그분이 우리의 기도를 들으실 것이라고 확신할 수 있는 기반은 오직 예수 그리스도의 피 뿐입니다.히 10:19~20 성령 안에서, 즉 성령의 인도를 받아 드리는 기도만이 하나님께서 들으시는 확실한 기도입니다.유 1:20, 롬 8:26~27

③ 하나님의 뜻에 따라 기도해야 합니다.요일 5:14~15

말씀을 공부하면 하나님의 뜻을 알 수 있습니다. 말씀은 그분의 뜻을 계시하기 때문입니다. 또한 성령의 인도로 알 수 있습니다. 하나님의 말씀이 약속한 건 무엇이든 구하면, 그것을 주는 것이 하나님의 뜻이라는 점을 안다면 받을 겁니다.

④ 꾸준히 기도해야 합니다.눅 11:5~10, 18:1~8

많은 사람이 여기서 실패합니다. "기도로 극복하지" 못하는 겁니다. 한두 번 기도해보고는 하나님의 뜻이 아니라고 단정 지어 버립니다. 하나님은 우리가 응답받을 거라고 꾸준히 믿기를 바라십니다. 다들 기도하고 받기 직전까지 갔다가 극복하지 못한 채 포기합니다.

31. 복음 전도 Soulwinning

Q. 어떻게 하면 사람들에게 애정을 갖고 복음을 전할 수 있을까요?

A. 다음의 순서를 따르세요.

① 나를 온전히 드리세요.

여러분의 모든 생각, 감정, 야망, 목적을 성령님께서 통제하도록 내어드리세요. 성령님은 사람들을 사랑하시기에 여러분이 그분께 통제권을 넘겨드리면 그분이 지닌 사랑을 여러분에게 주실 겁니다. 성령의 열매 중에 가장 먼저 나오는 건 사랑입니다.갈 5:22

② 그리스도를 영접하지 않은 사람들이 실제 놓여 있는 환경에 가보세요.

하나님의 말씀이 계시하는 바를 공부하면 죄인의 궁극적인 운명을 압니다. 잃어버린 혼을 기다리고 있는 지옥을 생각하면 금세 복음 전파를 향한 열정이 생길 겁니다.

③ 예수 그리스도를 바라보고 그분이 인도하는 대로 전하세요.

32. 성화 Sanctification

Q. 어떤 사람은 성화가 곧장 일어난다고 말하고, 어떤 사람은 단계적으로 이루어져 하늘나라에 가야만 완전해진다고 말합니다. 성경은 어떻게 말하고 있나요?

A. 성경은 예수 그리스도를 믿는 순간 모든 사람이 즉시 거룩해진다고 말합니다.고전 1:2, 6:11 예수 그리스도를 믿어 하나님의 교회의 일원이 되면 그 사람은 거룩합니다. **모든 사람을 위하여 한 번 예수 그리스도의 몸을 드리심으로 우리가 거룩하게 된 것이라.**히 10:10 우리는 죄의 허물을 모두 깨끗이 벗어버렸습니다. 하나님 앞에 서 있는 한 **영원히** 온전합니다.히 10:14 유대인이 제사를 여러 번 드린 것과 달리 우리 죄를 위한 제물은 계속 드릴 필요가 없지요. 예수님의 사역은 '단 한 번'으로 끝났습니다. 죄는 영원히 사라지고히 9:25~28, 갈 3:13 우리는 거룩해졌기에 따로 떼어 특별히 하나님께서 영원토록 간수하시지요. 이런 관점에서 모든 성도는 예수님을 믿는 순간 그 즉시 거룩해집니다.

하지만 여전히 거룩해진다는 다른 관점이 존재합니다. 바로 우리의 몸을 하나님께 **살아있는 제물**로서롬 12:1 바쳐야 하는 의무이자 특권입니다. 이렇게 몸을 드리면 하나님께서 기뻐하십니다. 내 몸을 바치면 하나님은 성령의 불을 보내어 그 사람을 취하시지요. 그러면 즉시로 그 성도는 완벽하게 하나님께 거룩한 존재가 됩니다.

이렇게 몸을 바쳐서 거룩해졌다고 해도 말씀을 공부하고 성령의 가르침을 받다 보면 분명 이따금 개인적인 행동, 습관, 감정, 말, 행위의 유형이 본래 목적과 일치하지 않는 모습을 발견할 겁니다. 이런 부분은 하나님께 죄로서 자백하고 버려야 합니다. 그러면 이러한 삶의 영역도 하나님의 말씀이 드러내는 그분의 뜻과 일치하도록 성령께서 인도해주실 겁니다. 물론 일상에서의 승리 역시 즉각적으로 일어납니다. 전투를 질질 끌 필요가 없습니다. 예를 들어 내가 화를 잘 낸다는 사실을 깨닫고 그 성질이 하나님을 기쁘시게 하지 못한다는 점을 인지하면 즉시 하나님께 가서 자백하고 털어버려야 합니다. 그 즉시 내 힘이 아니라 예수님을 바라보고 성령이 내 삶을 주관하도록 내어드리면 내 결점을 극복하고 같은 일로 실패를 반복하지 않을 겁니다.

마지막으로 하나님의 자녀가 어느 순간이든 즉시 거룩해지는 때가 있습니다. 바로 점진적 성화입니다. 사랑 안에서 자라가고 살전 3:12, 4:9~10 하나님을 기쁘시게 하며 경건한 길에 정진하고 살전 4:1 우리 구주 예수 그리스도의 은혜와 지식 안에서 자라가는 겁니다. 벧후 3:18 영광에서 영광에 이르는 주 예수 그리스도의 형상으로 점차 바뀌어 그분을 볼 때마다 그분을 닮아갑니다. 고후 3:18 모든 일에 있어 성숙한 사람이 될 때까지 그리스도를 향해 성장하여 **그리스도의 충만하심의 장성한 분량**에 이르는 것입니다. 엡 4:13

완전한 의미에서 성화는 예수님이 다시 오실 때 종지부를 찍습니다. 살전 3:13, 5:23 현생이나 죽음과는 상관없이 그리스도께서 오시면 우리는 모든 관점에서 완전히 거룩합니다.

33. 죄를 이기다 Victory over sin

Q. 몇 년 전에 예수님을 믿고 구원받았습니다. 그런데 유혹에 자꾸 이끌립니다. 죄가 용서받았다는 건 알지만, 어떻게 매일 죄를 물리칠 수 있는지 모르겠습니다.

A. 예수님께서 우리에게 주신 구원은 3단계로 나뉩니다.

1단계

죄 자체로부터의 구원입니다. 예수님이 십자가에서 흘린 피로 죄에서 구원받습니다. 예수님이 갈보리 십자가에서 돌아가셨을 때 그분은 우리 죄를 완벽히, 영원히 제거하셨습니다. 갈 3:13, 고후 5:21, 히 10:12~14 그분을 영접하는 순간 죄에서 구원받습니다. 모든 죄가 깨끗하게 사라지지요. 마치 우리가 한 번도 죄를 지은 적 없던 것처럼 말입니다. 따라서 우리는 하나님 앞에 완전합니다. 그분의 눈에 우리는 의롭습니다. 행 10:43, 13:38~39, 고후 5:21

2단계

죄가 지닌 권세에서의 구원입니다. 죽었다가 부활하여 하늘로 올라가 아버지의 오른편에 계시는 예수님의 부활로 이루어진 구원입니다. 항상 살아서 중보하시는 주님은 하나님을 통해 나아오는 사람을 끝까지 구원하실 수 있습니다.히 7:25 그 부활의 능력이 우리에게 있기에 날마다 죄와 유혹의 권세를 이기도록 해주시지요. 예수님의 죽음으로 하나님과 화해한 우리는 매일 그분의 생명, 곧 부활의 생명롬 5:10으로 죄의 권세에서 구원받습니다.

게다가 부활하신 그리스도는 우리에게 그분의 성령을 주셨습니다. 내 힘으로 도저히 할 수 없는 것(죄를 물리치는 일)을 부활한 그리스도께서 우리 안에 내주하는 하나님의 영으로 할 수 있습니다.롬 8:1~4 그러니 죄와 맞서 매일 승리하는 비결은 여러분의 힘으로 싸우려고 하지 않는 것입니다. 부활하신 그리스도를 바라보고 그분이 하늘과 땅의 모든 권세를 지니셨다는 사실을 믿으세요. 그러면 그 능력이 여러분을 죄의 권세에서 해방할 겁니다. 그렇게 해주시리라 믿으세요.

부언하자면 여러분의 삶 전체를 성령께서 주관하도록 드리세요. 성령께 내 안에 오셔서 성령의 바람, 목적, 계획, 생각으로 채워달라고 간구하세요. 그렇게 해주실 겁니다. 여러분의 삶에서 성령의 열매를 내주실 겁니다. **그러나 성령의 열매는 사랑과 기쁨과 화평과 오래 참음과 친절과 선함과 믿음과 온유와 절제**

니갈 5:22~23 우리가 **성령 안에서** 행하면, 곧 내 삶 자체를 그분께 드리면 **육신의 정욕을 이루지 않을 겁니다.**

3단계

죄라는 존재 자체로부터의 구원입니다. 이는 그리스도께서 다시 오실 때 이루어집니다. 예수님이 다시 오시면 우리가 그분처럼 되기 때문에 완전해지고 죄의 영향을 받지 않습니다.요일 3:2

34. "예수님이라면" What would Jesus do?

Q. "예수님이라면 어떻게 하셨을까?"라는 사고방식이 오늘날 그리스도인의 행동 기준이어야 하나요?

A. 그렇습니다. 이것이 유일한 기준입니다. 요한일서 2장 6절을 보세요. **그분 안에 거한다고 말하는 자는 그가 행하신 대로 자기도 행해야 하느니라.** 신앙생활의 기준은 십계명이 아닙니다. 황금률도 아니지요. 바로 예수님 그분입니다. 우리 주 예수님은 제자들에게 새로운 계명을 주셨는데 거기에는 예전 계명은 물론 새로운 내용도 담겨 있습니다. 새로운 계명은 이렇습니다. **내가 너희를 사랑한 것같이 너희도 서로 사랑하라.** 요 13:34 예수님의 생애를 공부하고 그분이 지상에서 사셨던 환경을 이해한다면 성령의 가르침을 따라 지금 우리 환경에서 예수님이 어떻게 하셨을지 알 겁니다. 그리스도인이 할 질문은 절대로 "다른 그리스도인은 어떻게 하지?", "다른 그리스도인은 무얼 하라고 말하지?"가 아니라 "예수님은 내가 무엇을 하기를 원하며 그분이라면 어떻게 하셨을까?"입니다.

PART 3.

죄와 형벌

35. 원죄 - 45. 복음을 듣지 못한 사람들

35. 원죄 Original sin

**Q. 원죄란 무엇입니까?
어째서 원죄는 우리를 죄인으로 만드는 건가요?**

A. '원죄'라는 표현은 현재 다양한 의미로 사용되기 때문에 대개 의미의 정확도가 낮다고 보아야 합니다. 엄밀히 말하면 원죄란 다른 모든 죄를 일으킨 특정한 죄를 일컫는 것이므로 에덴동산에서 아담과 하와이브가 지은 죄를 말하지요.

이 죄는 우리를 죄인으로 만듭니다. 우선 우리는 모두 아담이 죄를 범한 후에 태어난 자손입니다. 둘째로 당시 존재했던 유일한 인류였던 아담이 지은 죄는 사람의 죄를 대표하며 우리 역시 아담처럼 죄를 지었습니다.롬 5:12, 고전 15:21~22 그러나 예수님은 두 번째 아담으로 오셨습니다. 이는 모든 인류를 대표하는 두 번째 사람으로서 성경은 그분을 '인자' Son of Man 라고 말합니다. 예수님은 모든 율법을 완벽하게 준수하여 우리를 대표하셨습니다. 또 우리 죄를 없애려고 돌아가시어 아담이 지은 죄로부터 우리를 깨끗하게 하셨습니다.롬 5:15~18 그래서 믿는 사람은 아담이 지은 죄로 지옥에 가지 않는 것입니다. 지옥에 가는 이유는 두 번째 아담이신 그리스도를 믿지 않았기 때문입니다.

아담의 죄 때문에 우리를 죄인으로 여기신 하나님의 계획은 우리가 각자 아담을 대표하는 것보다 훨씬 자비로운 처사입니다. 만일 우리가 각각 아담을 대표해야 했다면 아담처럼 굴었을 겁니다. 죄를 짓고 아무런 희망도 없었겠지요. 하지만 첫 번째 아담이 우리 모두를 대표했기 때문에 두 번째 아담인 그리스도께서 우리 모두를 대표하실 수 있었습니다. 예수님은 우리가 할 수 없는 일을 해내셨습니다. 하나님의 율법을 완벽히 지키고 그 율법을 어긴 우리를 위해 돌아가셨지요. 아담의 죄뿐만 아니라 이후에 우리가 지은 죄까지 말입니다. 하나님의 계획에는 영원토록 경이와 찬양으로 우리를 채울 깊은 자비와 시혜가 담겨 있습니다!

36. 인간의 타락 Depravity of man

Q. 인간이 타락했다는 교리가 무엇이며 어떻게 증명할 수 있습니까?

A. 인간이 타락했다는 것은 선한 일을 전혀 할 수 없다는 의미가 아닙니다. 이 교리의 속뜻은 구원받지 않은 사람의 의지가 하나님이 아닌 자기 만족에 기반하기 때문에 잘못됐다는 것입니다. 하나님께 완전히 복종하지 않는 의지는 잘못된 방향으로 갑니다. 그럼에도 불구하고 하나님을 기쁘게 하려고 도덕적으로 옳거나 좋아 보이는 일을 할 수는 있습니다. 사람이 반드시 부도덕하고 혐오스러워야 하는 것은 아니니까요. 고상하고 고귀하며 진실된 것을 추구할 수는 있지만, 그런 요소가 하나님의 바람이 아닌 자신이 바람에 있을 가능성에 문제가 있습니다. 부도덕한 사람만큼 타락했다고 해서 꼭 그런 성향을 지닌 것도 아닙니다. 하지만 모든 사람은 자신의 의지에서 180도 돌아서야 자신을 기쁘게 하지 않고 하나님이 기뻐하시는 일을 할 수 있습니다. 또 그렇게 해야 하나님은 기뻐하실 겁니다.

인간이 완전히 타락했다는 사실은 성경이 입증합니다.

육신적인 생각은 하나님과 원수가 되나니 그것은 하나님의 법에

복종하지 않을 뿐만 아니라 실로 할 수도 없음이라.롬 8:7

그들 마음의 완고함 때문에 그들 안에 있는 무지를 통하여
하나님의 생명에서 멀리 떨어졌고
그들의 명철은 어두워졌으며엡 4:18

마음은 만물보다 거짓되고 심히 악하니
누가 그것을 알 수 있으리요?렘 17:9

인간의 타락은 일련의 사실만 보더라도 알 수 있습니다. 성경이 묘사하는 구원받지 않은 인물의 모습은 매우 어둡습니다. 하지만 나를 알아 갈수록, 무엇보다도 하나님을 알아 그분의 거룩한 빛이 나를 비출 때 성경의 이 교리가 매우 정확함을 깨닫게 될 겁니다.

37. 죄의 자각 Conviction of sin

Q. 죄를 어떻게 자각할 수 있게 하나요? 죄의 끔찍함을 깨닫게 하기 위해, 그 죄를 자각하게 하려면 어떻게 설교해야 할까요?

A. 율법은 죄가 무엇인지 알려주기 위해 있습니다.롬 3:20 저는 율법을 알려주면 죄를 자각할 수 있다고 봅니다. 십계명을 설명하면서 성령님께 얼마나 많은 사람이 이 계명을 지키지 않는가 보여달라고 간구합니다. 마태복음 7장 12절도 설교합니다. 소위 황금률이라고 하는 구절인데 사람들에게 인간은 이 계명을 지킬 수 없어 거듭날 수 없음을 설명합니다. 마태복음 22장 37~38절도 말합니다. 이런 구절을 통해 듣는 이가 본인이 죄인일 뿐만 아니라 하나님의 첫째 계명이자 가장 위대한 계명을 어겼다는 점을 상기하지요.

너는 네 마음을 다하고 혼을 다하고 생각을 다하여
주 너의 하나님을 사랑하라. 이것이 첫째며, 큰 계명이니라.

요한복음 16장 8~9절을 보면 성령님은 예수 그리스도를 믿지 않는 죄에 대해 책망합니다. 사도행전 2장 1~37절을 보면 알 수 있듯 오순절 날 성령께서 수천 명에게 책망한 죄는 예수 그리스도를 거절한 죄였습니다. 이점에 착안해 저는 사람들 앞에서 예수 그리스도의 위엄과 영광을 알려주고 그분이 우리를 위해 어떤 희생을 하셨는지 말합니다. 그리고 다시 그분을 구주로 믿지 않는 죄를 지적하여 죄를 가장 뼈저리게 자각하도록 합니다.

하지만 설교할 때 주의할 점이 있습니다. 사람의 죄를 책망하여 자각하게 하는 건 내가 아니라 성령이시라는 사실을 잊지 마세요. 성령은 우리가 말하는 진리로 죄를 자각하게 하십니다. 이 사역을 할 때는 성령님께 의지하고 성령님을 바라보며 믿어야 합니다. 많은 사람이 이 점을 간과하여 실수를 범합니다. 성령님께 자신을 완전히 맡기는 자세로 죄의 찔림을 주어야 성령이 우리를 통해 사람들에게 죄를 자각하게 하십니다. 많은 사람이 자기가 죄를 책망하려고 해서 실수합니다.

38. 영원한 형벌 Eternal Punishment

Q. 죄인의 영원한 형벌을 믿으시나요? 그 근거는 무엇입니까?

A. 우리는 하나님이 친히 자신의 말씀으로 보여주신 것을 제외하면 미래를 전혀 알 수 없습니다. 그런 미래를 유추한다는 것은 순전히 추측에 지나지 않으며 이 주제에 있어 사람의 추측은 아무런 효용이 없습니다. 하나님은 미래를 모두 아시는 분입니다. 또 그분은 자신이 아는 미래에 관해 일부를 기꺼이 알려주셨습니다. 특히 이 질문의 주제에 관해서 하나님이 드러낸 계시는 사람의 공허한 추측보다 가늠하기 힘든 가치가 있지요. 다른 저서에서 성경이 의심의 여지 없이 하나님의 말씀이라는 점을 짚었습니다. 이 성경은 하나님이 무엇이라고 말씀하는지 알려주는데 예수 그리스도의 영원한 대속을 끝까지 믿지 않는 사람이 영원한 형벌을 받을 예정임을 명확히 밝힙니다. 다음 구절을 보세요.

너희 저주받은 자들아, 내게서 떠나 마귀와
그의 천사들을 위하여 준비한 영원한 불 속으로 들어가라.
그러므로 이들은 영원한 형벌에 들어갈 것이라.
그러나 의인들은 영원한 생명으로 들어가리라. 마 25:41,46

그러나 그 짐승이 잡히고, 짐승 앞에서 기적들을 행하던
거짓 선지자도 그와 함께 잡혔으니 그는 짐승과 더불어
그의 형상에 경배한 자들을 속이던 자라.
이 둘이 유황으로 불타오르는 불못에 산 채로 던져지더라.
그들을 미혹하던 마귀가 불과 유황 못에 던져지니
그곳에는 그 짐승과 거짓 선지자도 있어 영원무궁토록
밤낮 고통을 받으리라. 그러나 두려워하는 자들과
믿지 아니하는 자들과 가증스런 자들과 살인자들과
음행하는 자들과 마술하는 자들과 우상숭배하는 자들과
모든 거짓말하는 자들은 불과 유황이 타는 못에
참여하리니 이것이 둘째 사망이라. 계 19:20, 20:10, 21:8

"영원무궁토록"이라는 표현을 사용한 이 불못은 마귀와 그의 수하들을 위해 만든 곳이지만 죄인도 가는 장소입니다. 요한계시록에서 이 표현은 13번 나옵니다. 9번은 하나님과 그리스도의 영광, 왕국, 존재를 가리키며 의인의 통치에 관해 한 번, 마귀, 짐승, 선지자, 죄인의 형벌을 가리켜 3번 나옵니다.

Q. 성경 어디에 모든 죄인이 영원한 형벌을 당한다고 기록되어 있습니까?

A. 데살로니가후서 1장 7~9절을 보면 그리스도께서 하늘에 나타

나실 때 하나님을 모르고 또 예수 그리스도의 복음을 믿지 않은 자들에게 영원한 멸망의 형벌을 내린다고 되어있습니다. 이 구절을 보면 이런 의문이 생깁니다. '대체 멸망 destruction 이 무슨 뜻일까?' 성경은 그 정의를 직접 내립니다. 요한계시록 17장 8, 11절을 보면 짐승이 '멸망' perdition 으로 들어간다고 말합니다. 요한계시록의 멸망은 다른 곳에서 사용한 멸망과 같은 단어로 '파괴하다'라는 동사에서 파생한 명사입니다. 그러니 요한계시록의 이 짐승이 멸망으로 들어간다는 의미를 알면 그 뜻을 정확히 알 수 있겠지요. 요한계시록 19장 20절에서 이 짐승은 산채로 **유황이 불타오르는 불못**에 던져집니다. 20장 10절을 보면 천년이 끝나고 이 짐승이 타고 있는 불과 유황이 타는 못에 마귀도 던져지며 거기에 거짓 선지자도 있습니다. 이들은 천 년 동안 **영원무궁토록 밤낮 고통**을 받으며 삽니다. 따라서 성경이 말하는 '멸망'이란 불못에 던져지는 행위를 뜻합니다. 자기 존재를 인식하면서도 끝없는 고통을 당하는 장소에 있는 것이지요.

Q. 어째서 사랑의 하나님이 자신의 피조물을 영원한 형벌에 처하는 겁니까?

A. 하나님은 어떤 피조물도 영원히 벌하려고 만드시지 않았습니다. 하나님은 사람을 만들어 모두가 영원히 그분께 복종하고 그분을 사랑하며 기뻐하도록 하셨습니다. 하지만 단순히 그 정도 수준이 아니라 더 월등한 존재로 창조하셨고 선과 악을 스스로

선택할 수 있는 능력도 주셨습니다. 물론 사람은 악을 선택했습니다. 그렇지만 하나님은 사람을 포기하지 않고 자신이 직접 희생하여 구원받을 수 있는 선택지를 마련하셨습니다. 하나님의 아들이 인류를 위해 돌아가셨고 이를 믿으면 회개, 용서, 생명, 영광이 돌아옵니다. 악을 선택하는 것이 옳지 않다고 생각하고도 (심지어 악을 선택했음에도) 고의로 계속 하나님이 큰 값을 치러 마련한 복음을 거절한다면 영원한 형벌은 본인의 책임입니다. 이를 두고 하나님을 비난하는 건 말도 안 될뿐더러 배은망덕하고 비이성적인 행태이지요.

Q. 어째서 지극히 거룩하고 자비로운 하나님이 사랑하는 피조물에 영원한 형벌이라는 저주를 내리시는 겁니까?

A. 하나님께서 저주를 내리시는 것이 아니라 그분의 자비와 은혜를 거절하는 그 사람이 스스로 영원한 형벌의 저주를 내립니다. 많은 사람이 죄를 선택하는 건 물론이요, 하나님께서 마련한 죄의 용서를 받아들이지 않습니다. 죄에서 구원받기 싫다면 죄를 계속 지을 수밖에요. 죄를 계속 지으면 그만큼 고통을 겪는 건 당연합니다. 언젠가 때가 이릅니다. 돌이킬 수 없는, 구원받을 수 없는 그 순간이 도래합니다. 영원한 형벌은 누구의 탓도 아니라 죄를 선택한 사람이 받을 피할 수 없는 결과일 뿐입니다.

Q. 고작 죄를 몇 년 지었다고 영원한 형벌을 내린다면 정의롭지 못한 처사가 아닙니까?

A. 죄의 형벌 기간은 절대로 죄를 지은 시간에 따라 결정할 수 없습니다. 사람을 순식간에 죽였다고 할지라도 그 죗값은 무기징역입니다. 더욱이 죄는 하나님과 사람을 나누며 이 분리가 고통입니다. 하나님과 분리되어 있는 기간 동안 이 고통은 계속되며 예수님을 믿고 죄에서 돌이키기 전까지 고통은 끝나지 않습니다. 더는 구주께 다가올 수 없는 때가 되면 자신의 선택에 따라 하나님과 영구히 분리하기로 하는 것이며 그에 따른 형벌이 반드시 집행됩니다.

또한 영원한 형벌을 초래한 원인은 고작 몇 년 동안 지은 죄가 아닙니다. 아무리 많은 시간 동안 죄를 지었다고 해도 예수 그리스도를 믿으면 형벌이 면제됩니다. 결국 예수 그리스도를 믿지 않아서 영원한 형벌을 받는 셈이지요. 죄에 담긴 극악무도와 사악함을 보면 거룩한 하나님은 모든 면에서 완벽합니다. 예수 그리스도의 영광은 어느 모로 보나 영원합니다. 어떤 도덕으로도 죄를 지으며 그분을 거절한 형벌의 대가를 치를 수 없습니다. 하나님의 은혜, 곧 예수 그리스도를 우리를 대신하여 죽음에 내어주신 구원의 관점에서 보면 더 그렇습니다. 또 예수님을 믿거나 죄를 증오하는 것보다 더 큰 고통이 이들에게 내려지는 처사는 당연합니다.

Q. 사람도 자기 아이를 영원히 벌하지는 않습니다. 사람도 하지 않는 일을 하나님이 한다면 그분은 우리보다도 선하지 않은 존재가 아닙니까?

A. 우선, 이 질문은 모든 사람이 하나님의 아들이라는 가정이 깔려 있습니다. 하지만 성경은 그렇지 않다고 말합니다. 모든 사람이 하나님의 피조물이고 본래 그분의 형상대로 창조된 것은 맞기 때문에 이런 관점에서 보면 우리는 모두 그분의 후손입니다.행 17:26~29 하지만 진정한 의미에서 하나님의 자녀는 성령으로 거듭난 사람입니다.요 3:3~6 예수 그리스도를 구주로서 개인적으로 영접하여서 말입니다.요 1:12, 갈 3:26

또 하나님은 심지어 그리스도인에게도 아버지 그 이상인 분입니다. 하나님은 이 우주의 선한 통치자입니다. 의로운 통치자로서 반드시 죄를 벌하십니다. 따라서 죄가 있는 한 죄를 계속 벌하실 수밖에 없는 거지요. 사람도 한 자녀가 계속 죄를 지으면 다른 자녀와 분리합니다. 아무리 사랑하는 아들이라 할지라도 악한 괴물 같다면 분명 자기 딸에게 접근하지 못하게 막을 겁니다. 당신이라면 사랑하는 누군가에게 평생 못된 짓을 하는 사람 역시 사랑한다는 이유로 벌하지 않고 놔두겠습니까?

마지막으로 우리의 행위를 기준 삼아 하나님의 행위를 판단하는 것은 적절치 않습니다. 지금 우리가 사는 세상을 보세요. 극도로 괴로워하는 사람을 보면, 최선을 다해 우리 아이들은 그런 고통을 겪지 않도록 노력하지 않습니까? 도시 빈민가에서 힘겹

게 살아가는 사람처럼 자기 자녀가 살아가는 모습을 견딜 부모가 어디 있을까요? 사랑의 하나님께서 왜 이런 고통을 허락하시는지 설명하기는 어렵지만, 어쨌거나 이런 양상이 사라지지는 않을 것입니다. 더욱이 지금 인류가 이렇게 고통받는 이유는 하나님께 불순종하고 계속 죄를 짓기 때문입니다. 현생에서 그리스도를 거절하고 죄를 짓는 대가가 지금의 모습임을 안다면 그분을 거절했을 때 이생에서 받을 고통이 어떨지 충분히 가늠할 수 있습니다.

"나는 하나님이 사랑이시라는 사실을 믿지만
그분이 창조한 피조물을 영원한 지옥에
던지리라고는 생각하지 않아."

이 말이 좋게 들릴 수 있습니다. 하지만 고개를 돌리면 도처에 지옥과 같은 광경이 펼쳐져 있기에 이런 관점이 얼마나 공허한지 금세 압니다. 심지어 지금도 그 사랑의 하나님은 피조물이 끔찍한, 나날이 증가하는 고통 속에서 현생을 살게 하시기 때문이지요.

Q. 영원히 멸망하는 사람이 있다면 사탄이 그리스도에 맞서 승리를 쟁취한 것 아닙니까? 그러면 사탄이 그리스도보다 더 힘센 것 아닌가요?

A. 사탄이 승리하는 것은 아닙니다. 죄를 계속 짓도록 하는 주체는 사탄이 아닙니다. 선택은 각자의 몫입니다. 누군가 죄를 계속 짓는다고 해서 사탄이 승리하지 않습니다. 다른 말로 그리스도의 패배가 아니라는 겁니다. 예수 그리스도는 여전히 영광을 받으며 하나님 역시 동일합니다. 그리스도인을 구원하는 것만큼이나 죄인을 벌하실 때 역시 하나님은 영광을 받으며 그분의 거룩함이 드러납니다. 세상에서도 정의로운 통치자는 죄를 범한 사람이 자백했을 때 그를 감옥에 가두거나 사형하여 자신의 정의를 입증합니다.

많은 사람이 지옥을 관장하는 대상을 사탄이라고 생각합니다. 하지만 사탄은 지옥을 다스리지 않습니다. 사탄 역시 그곳의 죄수이며 하나님의 영원한 대적이 고통으로 타는 연기가 영원히 타올라 하나님이 그를 이겼다는 증거가 될 겁니다.

39. 은혜로부터 떨어져 나가다 Falling from grace

Q. 성도의 견인 堅忍 **에 대한 칼뱅 신학의 관점과 은혜로부터 떨어져 나갈 수 있다** 구원을 잃어버릴 수 있다 **는 아르미니우스파의 관점은 모순 아닌가요?**

A. 제가 아는 칼뱅 신학에서는 성도의 견인이 아니라 구주의 견인을 말합니다. 성도는 완전히 불확실하여 언제라도 타락할 수 있는 반면 구주는 늘 깨어 있고 신실하다고 말하지요.히 7:25 칼뱅 신학의 견해는 구주께서 당신을 믿는 사람은 영원히 멸망하지 않는다고요 10:28 약속하셨다는 겁니다. 그리스도가, 하나님 아버지가 끝까지 우리를 지킬 것이라고 약속했기 때문에 누구도 아들과 아버지의 손에서 우리를 빼앗을 수 없다고 말이지요.요 10:29

요한복음의 구절은 거듭난 뒤 죄를 짓는 삶으로 돌아가는 사람이 구원을 영원히 보장받는다는 의미가 아닙니다. 예수 그리스도께서 거듭난 사람이 죄를 짓는 삶으로 돌아가지 않도록 지키겠다는 뜻이지요. 죄를 지을 수 있습니다. 어쩌면 정말 큰 죄를 지을지도 모릅니다. 하지만 그리스도께서 그를 회복시킬 겁니다. 예수님은 잃어버린 양을 찾을 때까지 포기하지 않으십니다.눅 15:4 따라서 이 구절은 계속 죄를 지으면서 "나는 하나님의 자녀니까 구원을 잃어버리지 않아."라고 말하는 사람을 위한 보증이 아닙니다. 그런 사람에게 화평은 없습니다. 죄의 낙을 추구하며 계속 죄를 짓는다면 이미 그것으로 본인이 하나님의 자녀가 아니라는, 곧 구원을 받지 않았음을 입증하는 꼴입니다.요일 2:19, 3:6, 5:18

아르미니우스파가 반대하는 대상은 구주의 견인이라는 교리가 아닙니다. 분명 예수님은 우리가 신실하지 않더라도 당신은 신실한 분임을 입증하십니다. 이들이 반대하는 교리는 '한 번 은혜를 입었으면 영원히 은혜를 입는다.'라는 주장입니다. 계속 죄를 지으면서도 "나는 구원받았으니까 죄를 지어도 여전히 은혜 안에 있는 거야."라며 스스로 정당화하는 단초를 제공하기 때문에 이 교리를 반대합니다.

한편 우리는 거듭 죄를 짓는 모습을 정당화하여 스스로 위안을 찾으려는 교리를 조심해야 합니다. 동시에 내가 예수님께 신실하지 못한 모습을 보이면 나를 버릴지도 모른다는 불안을 조장해 그리스도를 불신하도록 만드는 교리도 주의해야 하지요. 우리는 바울 사도와 같은 입장을 고수해야 합니다. **이는 내가 믿은 분을 알고, 내가 위탁한 것을 그 날을 대비하여 그분께서 능히 지키실 줄을 확신함이라.**딤후 1:12

또 육신을 훈련해야 합니다. 비유하자면 육신을 때려눕히는 겁니다. 그래야 바울이 다른 이들에게 설교했듯 본인도 실격당하지 않기 때문입니다.고전 9:27

40. 지옥 Hell

Q. 지옥은 장소인가요, 아니면 혼의 상태인가요?

A. 지옥은 사탄과 믿지 않는 자들의 종착지입니다. 성경은 숨김없이 그곳이 마귀와 그의 천사들을 위한 장소라고 말합니다. 이 주제에 관해 성경이 뒷받침하는 구절을 알고 싶다면 '마귀', '영원한 형벌', '하늘나라' 등의 다른 질문을 참고하세요.

Q. 시편 139편 8절을 설명해주세요.

내가 하늘로 올라갈지라도 주께서는 거기 계시며
내가 지옥에 잠자리를 마련한다 하여도, 보소서,
주께서는 거기 계시나이다.

하나님이 지옥에 계신다는 진술이 말이 되나요?

A. 여기에서 지옥이라고 번역된 단어는 거듭나지 않은 혼이 가는 종착지의 개념으로서 지옥을 말하는 것이 아닙니다. 예수 그리스도께서 승천하기 전에 죽은 자들이 모두 함께 있던 지하 세계

의 지옥을 말합니다. 개역판은 이 지옥을 스올로 번역했는데, 이는 히브리어 단어를 그대로 차음한 것입니다. 의로운 사람과 불의한 사람이 모두 이 스올이라는 지하세계로 갑니다. 여기서 의로운 사람은 낙원으로, 불의한 사람은 고통을 받는 지옥으로 갑니다. 하나님은 어디든 계시기 때문에 어떤 의미에서는 지옥에도 계십니다. 하지만 하늘이나 땅에서처럼 자신의 존재를 나타내시지는 않을 겁니다.

41. 연옥 Purgatory

Q. 연옥의 교리가 성경에 부합하나요?

A. 성경은 죽은 뒤 잠시 대기하는 상태가 있다고 말하지 않습니다. 관련하여 '사후세계'나 '사후 구원'을 참조하세요.

42. 심판 Judgement

Q. 성경에서 말하는 심판은 한 번인가요, 여러 번인가요?

A. 성경은 분명히 여러 번의 심판을 말합니다. 우선 구원받은 사람이 공중에서 주님과 만나면 받을 심판이 있습니다. 이 심판은 죄에 대한 심판이 아닙니다. 예수 그리스도를 믿는 순간 구원받았기 때문에요 5:24 행한 일에 대한 보상을 받는 자리입니다.고전 3:13~15, 딤후 4:8 이후 예수님이 성도들과 함께 지상으로 내려와서 모든 민족을 심판하실 겁니다. 마태복음 25장 31~46절이 이 부분을 다룹니다. 하지만 첫 번째 부활에 참여하지 못한 사람은 천 년 동안 부활하지 못한 채로 있습니다.계 20:4~5 이 천년왕국이 끝나면 나머지 죽은 사람들이 다시 하나님 앞에 불려가 흰 보좌 앞에서 심판을 받습니다.계 20:11~15

Q. 무지하여 죄를 지은 사람은 하나님께서 마지막 심판 때 참작해 주시나요?

A. 당연합니다. 하나님은 고의나 악의로 지은 죄와 부지불식간에 지은 죄를 다르게 다루십니다.딤전 1:13, 히 10:26 하지만 이 땅에

서 산 모든 사람은 죄를 지을 때 그것이 죄임을 인지합니다.롬 3:10~12,23 그렇기에 예수님의 구속 사역 밖에 있는 사람에게는 아무런 희망이 없지요. 예수 그리스도를 영접한 사람은 영원한 생명을 받지만, 그분을 거절한 사람은 영원히 멸망합니다.요 3:36, 살후 1:7~10

43. 죄인의 소멸 Annihilation of the wicked

Q. 죄인이 소멸한다는 주장은 대체 무엇을 말하는 건가요?

A. 예수 그리스도를 구주로 믿지 않고 죽으면 그 사람의 존재가 소멸한다는 겁니다.

Q. 요한계시록 20장 14~15절을 보면 맞는 것 같은데 왜 이 주장이 틀립니까?

A. 요한계시록 20장 14~15절은 죄인이 소멸한다는 의미가 아닙니다. 전체 맥락을 읽으면 누구라도 알 수 있는 점입니다.

사망과 지옥도 불못에 던져지니 이것이 둘째 사망이라.
누구든지 생명의 책에 기록되지 않은 자는 불못에 던져지더라.

불못에 던져진다는 말은 소멸이 아닙니다. 성경 어디에도 이를 뒷받침할 만한 근거 구절은 없습니다. 성경이 제시하는 죄인의 최후는 영원히, 끊임없이 고통받으며 신음하는 결말입니다.

죄인이 소멸한다는 주장은 "비난받을 만한 교리"입니다. 제가 알기로 하나님을 섬기며 쉼 없이 역동했던 사람 중에 이런 교리를 수용한 사람은 없습니다. 대신 하나님께서 크게 쓰셨지만, 이 교리를 수용한 뒤 복음 전파를 뒷전으로 밀어버린 사람은 압니다. 회개하지 않은 죄인이 영원토록 고통받는다는 사실을 아는 사람이라면 너무 늦기 전에 죄인의 혼을 구원하고자 최선을 다할 겁니다.

44. 양심 Conscience

Q. 양심이 사람을 선으로 이끌기에 충분한가요?

A. 아닙니다. 만일 '양심'이 모두에게 동일한 잣대로 옳은 것은 옳다, 틀린 것은 틀렸다는 점을 일러주는 도덕적 직감이라면, 그래서 그 직감이 이끄는 대로 살도록 압박한다면 무엇이 되었든 간에 우리가 옳은 잃을 행하도록 이끌기에 부족하지는 않겠지요. 하지만 '옳은 것'이 대체 무엇인지가 문제입니다. 옳고 그름, 즉 도덕 판단에 있어 양심은 사람을 선으로 이끌기에 충분하지 않습니다. 도덕을 판단하는 기준이 잘못 형성되어 전혀 옳지 않은 일임에도 계속하는 사람이 있습니다. 양심은 성령과 거룩한 관계를 맺고 개인적인 조명을 받아 계몽될 필요성이 있지요.

양심이 이끄는 대로 했을 때 그 행위가 옳기를 바란다면, 옳음과 진리를 정직하게 구한다면 예수 그리스도가 하나님의 아들이며 하나님께서 보낸 선생이라는 사실을 알게 됩니다.마 16:16, 요 3:2, 7:16~17 그분이 내 도덕적 판단을 가르치도록 하세요. 그리스도를 하나님의 아들이자 스승으로 받아들이면 그분의 말씀을 공부하며 논리적으로 하나님의 말씀으로서 성경을 수용하게 됩니다. 결과적으로는 모든 행위의 기준으로 삼게 되지요. 또한 성령님께 배우는 특권을 통해 그분께서 이끄는 대로 옳게 행동할 것입니다.

45. 복음을 듣지 못한 사람들 Heathen

Q. 하나님께서 복음을 듣지 못한 사람은 어떻게 심판하시나요? 그런 사람들도 자신이 지닌 최선의 양심을 따라 살면 구원받을 수 있습니까?

A. 하나님은 복음을 듣지 못한 사람이라면 공의로 판단하실 겁니다. 그들이 지닌 조명에 따라 말입니다. 모세의 율법을 모르고 죄를 지은 사람은 율법 없이 멸망하며 율법 아래 살며 지은 죄는 율법에 따라 심판받습니다.롬 2:12

복음을 듣지 못한 야만인 같은 사람 역시 영적인 조명이 있습니다. 실상 이들은 율법이 요구하는 것을 본능적으로 지켜서 그들만의 율법이 있음을 입증했습니다. 물론 그들의 율법이 모세의 율법은 아닙니다.롬 2:14~16 만일 복음을 듣지 못한 사람이 양심에 따라 완벽하게 살았다면 의심의 여지 없이 구원받겠지만, 이렇게 사는 사람은 없습니다. 로마서 2장 12절부터 16절로 양심에 따라 산 이방인이 구원 받을 수 있다고 흔히들 가르치지만, 문맥 전체를 찬찬히 살펴보면 바울이 말하고자 하는 바는 그런 사람들이 자기 마음에 적힌 양심의 법을 따라 살면 구원받는다고 말하려는 목적이라기 보다 모두가 죄의 저주 아래 있다는 점을 강조하려는 것입니다. 유대인은 주어진 율법대로 살지 않고 이방인은 양심의 법에 따라 살지 않는다는 사실을 말입니다. 로마서 3장 22~23절은 이렇게 결론 내립니다. **이는 모든 사람이 죄를 지었으므로 하나님의 영광에 이르지 못하다가**롬 3:22~23

이 구절 다음에 이어지는 내용은 유일한 구원의 방법을 말합니다. 우리의 모든 죄를 제거하는 예수 그리스도의 대속을 통한 하나님의 은혜로 의롭게 되어야 한다는 겁니다. 각 사람은 그리스도를 믿어 의롭게 됩니다.롬 3:24~25 예수 그리스도를 자신의 구주로 믿지 않고 구원받을 방법은 없습니다. 성경에 그런 가능성을 제시하는 구절은 단 한 줄도 없기 때문이지요.

예수 그리스도에 관해 듣지 못하고 죽은 사람이 미래에 그분의 복음을 듣고 받아들이거나 거부할 기회가 주어지지 않을까 생각하는 사람도 있습니다. 하지만 성경은 그렇게 말하지 않습니다. 이런 견해는 전혀 성경에 기반하지 않은 추측입니다. 복음을 전했으면 믿었을 사람을 구원받은 것으로 여기는 생각 역시 순전히 추측에 불과합니다.

성경이 가르치는 바는 예수 그리스도를 개인적으로 영접하지 않으면 누구도 거듭날 수 없다는 겁니다. 우리는 모든 사람이 그리스도의 복음을 듣고 영접할 수 있도록 최선을 다해야 합니다. 하지만 우리가 이런 의무를 다하지 못했다고 해서 미래에 그들이 그리스도를 받아들일 기회가 있다고 생각할 만한 성경의 근거는 없습니다.

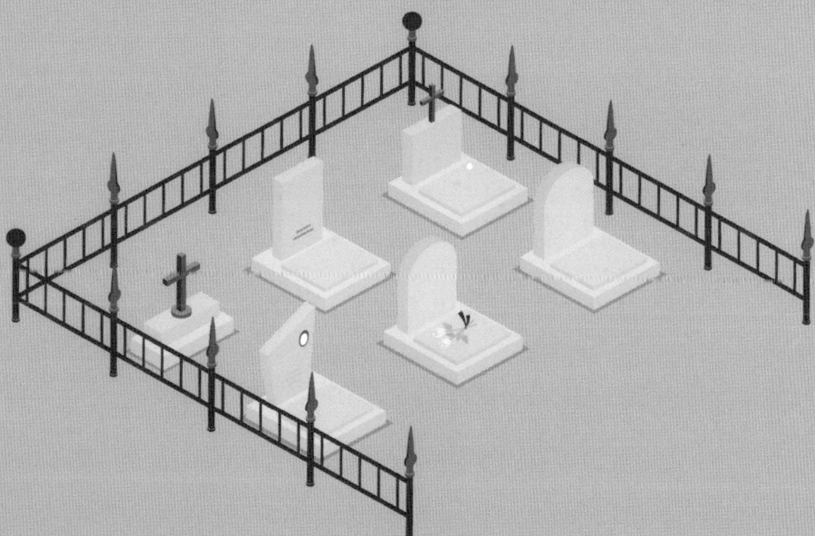

PART 4.
마귀와 세상

46. 마귀 - 50. 비밀 조직

46. 마귀 Devil

Q. 마귀가, 곧 하나의 격이자 성격과 의지를 지닌 대상으로서 정말 존재한다고 믿으시나요? 그저 악의 화신 같은 비유적 의미가 아닌가요?

A. 성경은 매우 단호하게 마귀가 실재한다고 말합니다. 성경을 믿는다면 마귀의 존재를 믿지 않을 수 없습니다. 여러 책에서 성경이 하나님의 말씀이라는 결정적 단서를 제시했습니다. 따라서 저는 성경이 가르치는 바에 따라 마귀가 존재한다고 믿습니다.

예수님이 광야에서 시험받던 모습을 보세요. 마태복음과 누가복음에 등장하는 이 장면은 분명히 마귀가 (마귀라는 격이) 주님을 시험한 존재라는 걸 입증합니다.마 4:1~11, 눅 4:1~13 만약 마귀가 악의 화신 같은 비유적 존재라면 이 구절은 별 의미가 없습니다.

또한 씨를 뿌리는 자의 비유마 13:1~23에서 주님은 분명하게 마귀가 실제로 존재한다고 말씀했습니다. 이 비유에서 마귀가 직접 등장하지는 않고 비유적인 모습으로 나오나 이 비유에 대한 해석에서 그의 존재가 드러납니다. **악한 자가 와서**마 13:19 예수님이 상징을 들어 말씀한 비유를 해석하자 그 상징이 지닌 의미가 명백히 드러났습니다. 따라서 이 비유의 해석처럼 말 그대로 마귀를 말하는 겁니다. 이 구절은 예수님이 마귀의 존재에 관해 말씀했던 여러 예의 하나일 뿐입니다.

바울도 똑같이 가르칩니다. 예를 들어 에베소서 6장 11~12절을 보세요.

너희는 마귀의 술책에 대항하여 설 수 있도록
하나님의 전신갑옷을 입으라.
이는 우리의 싸움이 혈과 육에 대항하는 것이 아니라
정사들과 권세들과 이 세상 어두움의 주관자들과
높은 곳들에 있는 영적 악에 대항하는 것이기 때문이니라.

성경이 직접 내린 해석보다 더 합리적인 해석은 없습니다. 어떤 해석 체계라도 마귀를 등한시한다면 모든 교리를 등한시하는 셈이며 그런 해석을 믿고 싶어 하는 사람은 없을 겁니다.

제가 마귀의 존재를 믿는 또 다른 이유는 보이지 않지만 아주 교묘하고 교활한 악령의 존재를 실제로 경험했고 목격했기 때문입니다. 인간 사회 전반을 장악한 악령을 말입니다. 여러 사람을 만날수록, 역사를 공부할수록, 더 많은 사람이 제게 마음을 열수록 더 확신하는 바는 성경의 말씀대로 마귀가 있다는 겁니다.

마귀의 실재를 믿는 것이 그리 달가운 일은 아니지만, 요지는 내 기분이 아니라 사실 그 자체입니다.

Q. 하나님이 마귀, 사탄이라고 불리는 존재를 왜 만드신 겁니까?

A. 하나님이 사탄을 창조하신 이유는 그분이 사랑이기 때문입니다. 하나님은 지금 우리가 사탄이라고 부르는 존재를 찬양하는 존재로 지으셨습니다. 에스겔 28장 12~15절을 보면 사탄이 처음에 어땠는지 등장합니다.

너는 완전한 규모를 확정하는 자라.
지혜가 충만하고 아름다움이 완벽하도다.
네가 하나님의 동산 에덴에 있어 모든 귀한 돌인
홍보석과 황옥과 금강석과 녹보석과 얼룩마노와 벽옥과
사파이어와 에메랄드와 홍옥과 금으로 덮여 있었고
네 북들과 관악기들이 만들어짐이 네가 창조되던 날에
네 안에 예비되었도다. 너는 기름부음을 받은 덮는 그룹이라.
내가 너를 그렇게 세웠더니 네가 하나님의 거룩한 산 위에
있었고 네가 불의 돌들 가운데를 위아래로 걸었도다.
네가 창조된 날로부터 죄악이 네게서 발견되기까지
너는 네 길에 완벽하였도다.

사탄은 이렇게나 완벽한 존재였기에 그는 도덕적이었고 다른 말로 하자면 선 혹은 악을 선택할 능력이 있었습니다. 그는 원래 우주의 경배를 인도하던 존재로 보입니다. 하지만 야망이 그의 마음에 들어섰습니다. 하나님의 자리를 탈취하려 했고 그 결

과 타락했습니다. 높은 자리에서 추락한 사탄은 아주 깊은 곳까지 떨어져 지금처럼 끔찍한 존재가 됐지요. 성경에 나오는 마귀는 뿔 달린 흉측한 모습이 아니라 아주 지적인 존재로 등장합니다. 그 대단한 능력을 악에 이용하기 때문에 하나님과 사람의 주적입니다.

Q. 하나님은 사탄을 멸망시킬 수 있나요?

A. 성경에서 하나님이 마귀를 없앨 수 있다고 가르치는 구절은 보지 못했습니다. 하지만 분명 원하신다면 자신이 만든 존재를 없애거나 멸망시킬 수 있으십니다. 자신이 만든 존재를 없애시지 못할 리는 없으니까요. 만일 없앨 수 없다면 하나님은 전능한 분이 아닙니다. 하지만 성경을 보면 하나님의 바람은 사탄의 멸망이 아닙니다. 사탄은 소멸하지 않고 **영원무궁토록 밤낮 고통**을 받을 겁니다.계 20:10 히브리서 2장 14절의 "**자신의 죽음을 통하여 죽음의 세력을 가진 자, 곧 마귀를 멸망시키시며**"라는 말씀에서 멸망이라는 단어의 의미는 능력의 소멸 혹은 아무것도 아닌 존재로 만든다는 뜻이지 '존재의 소멸'을 말하는 건 아닙니다.

Q. 하나님은 전능하다면서 왜 마귀를 멸망시키지 않는 겁니까?

A. 아직 그를 통해 달성할 목표가 다 이루어지지 않아서 그렇습니다. 사탄이 사악한 존재이긴 하나 하나님은 그를 통해 선한 목적을 이루고 계십니다. 때가 되면 우리 역시 그 목적이 무엇인지 이해하고 사탄에 대해서조차 감사하게 될 겁니다. 하나님은 사람의 진노뿐만 아니라 사탄의 진노로도 찬양하게 하시는 분입니다.시 76:10 바울 역시 자신에게 가시를 심은 사탄의 사자가 오히려 유익했다고 간증합니다.고후 12:7 사탄은 바울이 교만해지지 않도록 도와주었습니다.

47. 적그리스도 Antichrist

Q. 적그리스도는 누구이며 언제 나타나나요?

A. 적그리스도란 그리스도와 그분의 왕국을 대적하는 사람을 가리킵니다. 적그리스도는 분명 사람이지만 사탄이 인간의 몸을 입고 나타난 것입니다. 마귀는 언제나 하나님의 사역을 흉내 내려고 하므로 하나님께서 예수 그리스도로 나타나셨던 역사를 흉내 내는 거지요. 적그리스도는 **사탄의 역사에 따라 모든 능력과 표적들과 거짓 이적들과, 멸망하는 자들 안에 있는 모든 불의의 속임수**로 옵니다. 살후 2:9~10

적그리스도는 예수 그리스도께서 다시 오시기 전에 나타날 텐데 **주께서 그를 자기 입에서 나오는 영으로 소멸하시고 그의 찬란한 오심으로 제거**하실 겁니다. 살후 2:8

이미 많은 적그리스도가 최후에 나타날 적그리스도의 길을 닦고 있습니다. 요일 2:18 실상 아버지와 아들을 부인하는 사람은 모두 적그리스도지요. 요일 2:22 하지만 모든 악의 세력을 뭉칠 그 적그리스도는 최후에 나올 겁니다. 사탄이 자신의 능력을 주고 직접 그 안에 내주하는 한 사람을 통해 이 악의 세력을 이끌 것이며 그가 바로 그 적그리스도입니다.

48. 악 Evil

Q. 하나님이 대체 어떻게 세상에 악이 존재하도록 놔두실 수 있나요?

A. 하나님께서 어떻게 이런 일, 저런 일을 하실 수 있는가에 대한 영역은 아주 조심스럽게 접근할 필요성이 있습니다. 하나님의 엄청난 지혜에 비해 우리는 거의 아무런 지혜가 없기 때문입니다. 하나님이 어떤 분이며 그에 비해 우리가 얼마나 보잘것없는지 생각한다면 어떻게 하나님께서 그런 일을 벌이냐며 의문을 제기하기가 머뭇거려질 겁니다. 하나님께서 어떤 일을 하시는데 있어 천 가지의 선한 이유를 말한다 한들 우리의 무지는 단 하나의 이유도 이해하지 못할 수 있습니다.

이미 여러 차례 언급했지만, 좀 더 덧붙이자면 악은 필연적으로 선과 함께 합니다. 도덕적인 선은 최상의 선이며 선택할 자유는 이 도덕적 선을 얻기 위한 필수 조건입니다. 실상 악한 일을 전혀 할 수 없는 것보다 더 최상의 선은 없을 겁니다. 하지만 사람이 악을 행하지 않는 건 불가능합니다. 태초에 모든 존재를 선하게 지으셨으나 인간에게는 선택할 수 있는 능력을 더하셨습니다. 원하면 하나님께 불순종할 수도 있는 자유입니다. 우리와 비슷하지만 가장 월등한 존재의 하나였던 사탄은 악을 선택했지요. 사람 역시 선택의 자유를 이용해 악을 선택했습니다. 모든 인류가 악을 따랐습니다. 하나님이 인간에게 주신 고결한 선택의 능력은 죄를 세상으로 들여오는 결과를 낳았습니다.

하나님은 준비한 사랑의 계획을 완수할 때까지 악이 세상에 존재하도록 허락하실 겁니다. 우리는 **유리를 통해서가 아니라 직접 대면하여 만날 그날까지**고전 13:12 하나님이 세상에 악을 허락했다는 사실에서도 화평과 기쁨을 누릴 겁니다.

49. 세상의 상태 World's condition

Q. 세상이 좋아지고 있나요, 나빠지고 있나요?

A. 성경이 말하는 '세상'이라는 단어를 보면 예수 그리스도를 거부하는 거대한 인간 무리를 가리킵니다. 그러니 의심의 여지 없이 세상은 나빠지고 있습니다. 성경은 **온 세상이** 세상에 속하지 않은 그리스도인을 모두 포함해서 **악 속에 놓여 있다**요일 5:19고 말합니다. 따라서 세상은 언제나 예수님을 반대하며 나빠질 수밖에 없습니다.

하지만 '세상'을 인류 전체로 놓고 본다면 두 가지 측면이 있습니다. 세상과 분리하여 예수 그리스도를 영접한 사람들이 이룬 좋은 발전과 그리스도를 거절한 사람들이 이룬 악한 발전이 있지요. 외적으로 보면 당연히 그리스도인도 세상에 어느 정도의 영향력은 미칩니다. 그래서 여러 개혁이 일어났으니까요. 하지만 성경은 **악한 사람들과 사기꾼들은 더욱 악해져서 속이기도 하고 속기도 하리라**딤후 3:13고 말하며 **마지막 때에 어떤 자들이 믿음에서 떠나 미혹하는 영들과 마귀들의 교리들을 따를 것이라**고 경고합니다.딤전 4:1 디모데후서 3장 1~5절입니다.

또 이것을 알라. 마지막 날들에 아주 어려운 때가 오리라.

사람들이 자기를 사랑하고 돈을 사랑하며, 자긍하고 교만하며, 하나님을 모독하고 부모에게 불순종하며, 감사하지 아니하고 거룩하지 아니하며, 무정하고, 화해하지 아니하며, 모함하고 절제하지 못하며, 사납고, 선한 것을 좋아하지 아니하며, 배반하고 분별이 없으며, 자만하고 쾌락을 사랑하는 것이 하나님을 사랑하는 것보다 더하며 경건의 모양은 있으나 경건의 능력은 부인하리니

예수님이 오실 때 진정한 믿음을 찾아보기란 정말 힘들 겁니다.

또한 교회가 세상과 작별할 날이 다가오고 있기에 세상에서 일어나는 여러 끔찍한 일이 늘어갑니다. 요한계시록에서 묘사하듯 말입니다.

누구나 근래 몇 년 간 도덕적 해이가 얼마나 심한지 말하지 않아도 잘 알 겁니다. 특히나 경영업계가 그렇습니다. 대단한 신뢰를 받던 유명 기업인들 다수가 횡령 사실이 드러나 감옥에 갔습니다. 사회 모든 계층에서 부도덕성이 심각하게 증가하고 있지요. 말하기 부끄러운 간통도 늘어나고 이혼은 두 배로 늘었으며 남자들은 뻔뻔하게 이혼하고 재혼합니다. 젊은이들 사이에서의 부도덕성도 마찬가지입니다. 자살은 이제 너무 흔한 일이 됐습니다. 이런 현상은 모두 회의와 불신에 찬 견해가 퍼지며 생긴 결과입니다. 끔찍한 지옥의 형벌을 불신하는 풍토 역시 근래 몇 년 동안 증가했습니다. 심지어 복음을 전하는 사역자 다수가 이

지옥을 설교하지도 않고 믿지도 않습니다. 많은 사람이 도처에서 성경의 권위와 오류 가능성에 의문을 제기합니다. 유서 깊은 대학 강단과 신학 세미나에서 말입니다. 이러한 악과 죄의 열매는 회의와 불신이라는 씨앗을 심은 결과입니다.

50. 비밀 조직 Secret Society

Q. 비밀 조직에 대해서 어떻게 생각하십니까? 설교를 통해 공개적으로 이런 조직을 알리는 것이 현명하다고 보시나요?

A. 전 비밀 조직을 부정적으로 봅니다. 또 젊은 그리스도인에게 이런 단체의 위험성을 알리는 일은 바람직하다고 생각합니다. 하지만 정말 지혜롭게 해야 합니다. 이런 단체를 캐고 다니며 취미로 삼는 것은 좋지 않습니다. 저라면 이런 단체를 폭로하기보다 사람들을 예수 그리스도께 인도하겠습니다.

Q. 그리스도인이 이런 단체에 참여해도 되나요?

A. 그렇지 않습니다. 성경을 제대로 공부한 그리스도인이라면 어떻게 그럴 수 있는지 의문입니다. 성경이 말하는 바는 명확합니다. **믿지 않는 자들과 멍에를 같이 메지 말라. 의가 불의와 어찌 관계를 맺으며 빛이 어두움과 어찌 사귀겠느냐?**고후 6:14 제가 알기로 모든 비밀 조직에는 적어도 불신자들이 섞여 있습니다. 즉 예수 그리스도를 거부하고 그분께 자신의 의지를 드리지 않는 사람이 있다는 겁니다. 하나님의 말씀이 밝히는 명확한 명령에

따라 저는 그리스도인이 그러한 비밀 단체에 참여하는 것을 이해 못 하겠습니다. 그런 단체에 있는 모든 사람이 다 그리스도인이 아니라고 단정하지는 않겠습니다. 훌륭한 그리스도인 중에도 비밀 조직에 참여했던 인물이 있으니까요. 하지만 계속 가담하는 것은 도저히 이해할 수 없습니다. 프리메이슨이나 그와 비슷한 단체에 소속되어 계속 활동하는 다수는 이 주제에 관한 하나님의 말씀에 순종하지 않는 것입니다.

게다가 이런 단체의 의식 일부는 성경을 왜곡합니다. 성경에서 예수 그리스도의 이름을 빼버려 유대인과 다른 비기독교인의 입맛에 맞춥니다. 그러니 그리스도인이 하나님의 말씀을 기만하는 단체에 남아 있을 수 있겠습니까? 무엇보다도 예수님의 이름을 가리는 일을 벌이기 때문에 납득할 수 없습니다.

또 일부 단체는 충격적인 맹세를 강요하고 이들이 행하는 의식은 그저 성경의 진리를 희화화할 뿐입니다. 가짜 부활 장면을 흉내 내는 등의 사례가 있습니다.

기독교 신앙은 어둠이 아닌 빛을 찾습니다.엡 5:8, 11~12 확신하건대 프리메이슨 같은 비밀 조직에 가입하는 그리스도인 다수는 이들 중 비기독교인을 그리스도께 인도하려는 목표를 표방하지만, 그 전략은 자충수입니다. 여러 경험담이 입증하듯 단체의 다른 회원을 그리스도께 이끌기보다 그 그리스도인의 영적 생활이 늪에 빠지기에 십상이지요.

PART 5.
하나님, 그리스도, 성령

51. 하나님 - 55. 기적

51. 하나님 God

Q. 하나님, 주, 주 하나님, 이 세 가지 이름은 전부 '하나님'이라는 한 분을 가리키는 건가요?

A. 맞습니다. 구약에서 그렇습니다. 신성의 다른 개념을 지칭하는 여러 이름입니다. 예를 들면 '하나님'이라는 이름은 더 보편적인 신성을 나타냅니다. '주'와 이에 상응하는 '여호와'는 이스라엘과 언약을 맺은 하나님으로서 그분을 언급할 때 사용하는 이름이지요. 신약에서 보통 '주'는 예수님을 말합니다.

한 신성을 두고 다양하게 사용한 이름들이 각 성경에 등장할 때 전부 다른 대상을 가리킨다고 주장하는 사람들이 있습니다. 하지만 이는 오랫동안 신앙을 망치기 좋아하는 사람이 즐겨 쓰는 논쟁이었습니다. 예를 들면 모세 오경창세기부터 신명기까지 5권은 모세 혼자가 아니라 여러 다른 사람이 짜깁기하여 만든 책이라고 주장하지만, 전혀 신빙성이 없습니다.

하나님의 이름은 성경에서 아무렇게나 사용된 것이 아니기 때문에 공부해본다면 매우 흥미롭고 유익할 겁니다.

Q. 하나님의 존재를 묻는 사람에게 어떻게 증명하시겠습니까?

A. 질문한 사람이 어떤가에 따라 상이할 겁니다. 정말로 진리를 찾으려는 동기라면 한 가지 논리로 설명하겠지만, 그저 시비를 걸려는 이유라면 그렇게 하지 않겠습니다.

보통 저는 무엇을 믿느냐고 묻습니다. 구체적으로 이렇게 질문합니다. "옳은 것과 그른 것이 완전히 다르다고 믿습니까?" 1,000명 중 999명은 이 질문에 "네"라고 답합니다. 그렇다고 답하면 이렇게 묻습니다. "영적인 조명을 얻는 건 내가 가진 빛을 따라 사는 겁니다. 진리를 얻기 위해선 내가 가진 진리를 따라 행동해야 하지요. 자, 방금 스스로 옳은 것과 그른 것은 분명 다르다고 말씀했습니다. 이 고백을 따라 살고 계세요? 옳은 일이라면 무엇이든 하실 겁니까?"

아주 높은 확률로 대답을 피하겠지만 끝까지 답을 요구하세요. 만일 마지막 대답이 "아니요"라면 이렇게 말합니다. "지금 당신의 문제는 무엇을 믿지 않느냐가 아니라 믿는 대로 살지 않는 데 있습니다." 이 말을 이해하면 잠잠히 있을 겁니다.

하지만 이와 달리 자신이 믿는 바에 따라 산다고 대답하면 이렇게 묻겠습니다. "하나님이 없는 게 확실합니까?" 당연히 아니라고 답할 겁니다. 이어서 묻습니다. "하나님이 기도에 응답하지 않으시는 게 확실합니까?" 대개는 이렇게 답할 겁니다. "그건 모르겠지만 응답할 거라고 믿지는 않습니다." 이런 반응에 대한 저의 답변은 이렇습니다. "전 하나님이 응답한다는 사실을 압니다.

물론 당신에게는 아무런 효용이 없겠지만요. 제가 이를 시험하는 법을 알려드리지요. 효과적인 방법은 다음과 같습니다. 어떤 사실을 알 수 있는 단서를 찾으면 그 단서가 담고 있는 바를 살펴보세요. 제가 그 단서를 보여드리겠습니다. 그 안에 무엇이 담겨있는지 살펴볼 준비가 되셨나요? 저를 따라 이렇게 기도해보세요. '아, 하나님. 하나님이 계신다면 예수 그리스도가 당신의 아들인지 아닌지를 보여주세요. 보여주시면 그분을 구주로 믿고 다른 사람 앞에서 고백하겠노라 약속합니다.' "

분명히 또 주저하며 회피할 겁니다. 하지만 끝까지 답을 받아내세요. 만약 이렇게 하지 않겠다면 진리를 알고 싶어하는 목적으로 질문한 것이 아니겠지요. 이 기도를 따라 했다면 다음 단계로 갑시다. 요한복음 20장 31절을 보여줍니다. **다만 이것들을 기록한 것은 너희로 예수가 그리스도, 곧 하나님의 아들이심을 믿게 하려는 것이요, 또 믿음으로써 그의 이름을 통해 생명을 얻게 하려 함이라.**

그리고 묻습니다. "자, 이제 요한은 예수가 하나님의 아들이라는 점을 밝힙니다. 이 증거를 받아들이고 읽으시겠습니까?" 아마 이렇게 답할 겁니다. "이미 읽어 봤습니다." 그러면 이렇게 답하세요. "잘하셨습니다. 하지만 새로운 방식으로 읽어 보셨으면 좋겠네요. 천천히 생각하며 집중해서 읽어 보세요. 믿으라고 하지는 않겠습니다. 믿기 위해 노력해보라고도 하지 않을게요. 그냥 정직하게 읽어 보세요. 이 복음이 진리라면 믿고 싶은 마음이 들 겁니다. 읽기 전 이렇게 기도하세요. '하나님, 제가 읽는 구절에 어떤 진리가 담겨 있는지 보여주세요. 제게 보여주신 진리는 무엇이든 수용하겠노라 약속합니다.' "

이렇게 하지 않겠다면 그는 애초에 하나님의 존재를 부정하는 사람입니다. 그 사람의 불신은 불운이 아니라 본인의 잘못인 거지요. 앞선 내용에 동의하면 이렇게 물으세요. "요한복음을 다 읽으신 후에 제게 그 결과를 알려주시겠습니까?" 싫다고 한다면 앞의 내용대로 하지 않을 가능성이 높습니다. 아직 제 경험상 이렇게 한 뒤에 하나님을 믿지 않은 사람이 없습니다. 당연히 예수 그리스도가 하나님의 아들이며 성경이 그분의 말씀이라는 사실도 믿었지요. 다양한 부류의 사람에게 이 방법을 시도해 봤습니다.

다른 방법도 있습니다. 가끔 곧장 자연에 담긴 증거를 통해 하나님이 존재한다는 사실을 알려줍니다. 손목시계를 보고 이렇게 묻는 겁니다. "이 시계를 만든 사람이 대단하지 않나요?" 그렇다고 답할 겁니다. 다시 묻습니다. "근데 이 시계를 사람이 만들었다고 생각하세요? 만드는 걸 본 적이 없지 않습니까." 이렇게 답할 겁니다. "시계 디자인이 대단하지 않습니까. 당연히 대단한 사람이 만들었겠지요." 마지막 질문을 던집니다. "우리 눈도 그렇지 않나요? 우리가 무언가를 본다는 메커니즘이 경이롭지 않습니까? 근데 이걸 만든 분이 없을까요?"

자연 어디서든 균형, 질서, 미, 법칙, 유용성을 발견합니다. 현미경으로만 보이는 아주 작은 형태의 생명도 동일한 균형, 질서, 미, 법칙, 유용성이 있으며 우리 눈에 익은 커다란 존재도 마찬가지입니다. 이 모든 건 우주를 창조하고 디자인한 분의 뛰어난 능력을 입증합니다.

진화론이라는 가설은 설령 그것이 사실이라 할지라도 자연의 설계에 담긴 논거의 힘을 이기지는 못합니다. 지금 우리 눈에 보이는 우주, 곧 그 안에 담긴 다양한 생물과 아름다운 형태가 아주 오래전 어떤 원형질에서 진화되었다고 가정해봅시다. 즉시 의문이 생길 겁니다. 대체 이 우주를 발달시킨 힘을 그 원형질에 불어 넣은 존재는 무엇이었을까요?

자연에서 위대한, 강력한, 자애로운 창조주의 존재를 압니다. 물론 자연이 하나님에 관해 아주 심오한 진리를 다 알려주지는 않겠지만 말입니다.

Q. 하나님에게 격이 있다는 점을 확신할 수 있는 근거가 무엇일까요? 하나의 격이자 우리 삶에 적극적인 관심을 보이는 하나님이라는 존재로서 말입니다.

A. 중요한 증거가 많습니다. 앞서 살펴본 것처럼 자연에 많습니다.

두 번째는 역사입니다. 역사의 일면을 보면 그 뒤에 전혀 지혜나 자애가 없는 듯 보입니다. 하지만 멀리서 역사를 관망해보세요. 몇 세기에 걸친 역사를 보면 사람의 열의와 야망이 충돌하는 모습 이면에 사람을 통제하고 사람의 분노로 하나님을 찬양시 76:10하게 하는 지혜와 자애가 있다는 점을 깨닫게 될 겁니다. 매튜 아널드가 쓴 것처럼 역사를 통해 '우리가 아닌 의를 행하는 다른 힘'이 있다는 사실을 봅니다. 역사는 우주를 다스리는 정의로운 통치자가 있음을 드러냅니다. 우주에 있는 모든 것이 이 선에 맞춰집니다. 자연과 역사에 담긴 모든 것은 죄를 벌하고 선을 높이는 방향을 지향합니다. 바로 이것이 또 다른 증거인 셈입니다.

세 번째는 나사렛 출신 예수님의 역사입니다. 4개의 복음서에 담긴 기록은 하나님이 특별한 방법으로 우리의 하나님이 되었다는 사실을 입증합니다. 모든 결과에는 반드시 해당하는 원인이 있다는 것은 과학의 첫 번째 원칙입니다. 성경이 말하듯 예수님의 사역, 성격, 그분이 이룬 일의 결과는 하나님이 하신 겁니다. 예수님의 역사에 담긴 기적을 깎아내리려는 시도가 과거에도, 지금도 꾸준히 있습니다. 예수님의 기적을 폄훼하려는 시도는 결국 실패로 끝날 수밖에 없습니다.

몇 해 전 다비드 슈트라우스는 〈예수의 생애〉Leben Jesu 라는 책으로 이 목적을 달성하고자 혼신의 노력을 쏟았으며 많은 사람이 성공했다고 생각했습니다. 유럽의 대학에서 그의 이론을 전반적으로 받아들였습니다. 하지만 그의 책 역시 날카로운 비판을 피하지 못하고 신뢰를 완전히 잃었지요. 이후에 등장할 어떤 시도도 이런 결말을 맞을 겁니다.

오늘날 신약 성경을 순수한 자세로 공부하는 학생이라면 적어도 이 사실은 확실히 압니다. '최소한 4개 복음서에 기록된 예수의 이야기는 대체로 정확한 역사이다.'라는 점입니다. 이점이 사실이고 이 증거를 본 사람이 솔직한 심정으로 부인할 수 없다면 하나님 역시 격이라는 점이 입증된 것입니다. 격이 없으시다면 예수 그리스도의 인성, 기적, 행한 일은 전부 불가능합니다. 부활도 마찬가지입니다.

하지만 가장 중요한 증거가 있습니다. 바로 예수 그리스도를 믿는 개인의 경험에서 드러나는 하나님입니다. 저는 제가 아는 어떤 사람보다도 하나님을 확실히 압니다. 저 역시 한때 그 사실을 의심했습니다. 하지만 그분의 존재 자체를 부정한 적은 없습니다. 그저 되물어본 적이 있을 뿐입니다. 무신론자는 아니었지만 불가지론자였던 셈이지요. 하지만 하나님이 계신다면 알게 될 거라고 마음먹었습니다. 역사를 공부하며 하나님의 존재 가능성을 확신했지만 당시에는 어떤 이론의 수준에 그쳤습니다. '하나님이 계시다.', '성경의 하나님이 진정한 신이다.'라는 이론을 엄밀히 시험하려고 마음먹었습니다. 만일 하나님이 없다면, 성경의 하나님이 진정한 신이 아니라면 몇 년간 쏟아부은 노력이 헛수고가 되는 셈이었지요. 하지만 그 위험을 감수한 결과 승리했습니다. 현재 저는 하나님이 계시며 성경의 하나님이 진정한 신이라는 점을 압니다. 저와 같은 경험을 가진 다른 사람들도 모두 압니다.

인생에서 정말 말 그대로 성경의 하나님께 드리는 기도로만 살아야 했던 때가 있었습니다. 성경에서 말한 그런 조건에서 말입니다. 십 원 한 푼도 전부 기도로 받아야 했습니다. 저와 제 아내, 아이 4명이 생계, 월세, 모임을 여는 공간 임대료도 충당하면서 사역을 지원하는 등 기타 여러 필요한 것이 많았습니다. 저는 단 한 푼의 빚도 지지 않겠다고 약속했습니다. 지불할 능력이 없으면 사지 않겠다고요. 수입을 포기했습니다. 모금 부탁하기를 그만두고서 하나님께만 갔습니다. 그렇게 하루가, 한 주가, 한 달이 흘렀습니다. 전에 들어왔던 수입은 전부 끊겼지만 때로는 아주 평범하게, 때로는 매우 독특하게 수입이 생겼습니다. 이 경험을 미루어보아 하나님은 '나의 하나님'이 되실 수 있다는 점을 깨달았지요. 제게 하나님이란 다른 모든 실체에 실재를 부여하는 위대한 사실입니다.

Q. 하나님에게 격이 있다는 건 무슨 뜻인가요? 사람처럼 몸이 있다는 겁니까, 아니면 보이지 않는 영이라는 겁니까?

A. 우리가 하나님이 '격'이라고 말할 때는 손, 발, 다리, 눈, 코 같은 대상을 가리키는 의미로 쓰지 않습니다. 이런 요소는 육체가 지닌 특징이지 어떤 격의 특징은 아닙니다. 하나님이 격이시라는 진술은 그분의 존재가 그저 보이지 않는, 우둔한 힘 따위가 아니

라 알고 느끼며 의지를 지닌 분이라는 뜻입니다. 예수님은 요한복음 4장 24절에서 **하나님은 한 영이시니 그분께 경배드리는 자들은 영과 진리로 경배드려야 한다**고 말씀하셨습니다. 골로새서 1장 15절은 하나님이 **보이지 않는다**고 말합니다.

하지만 하나님의 영원한 본질이 보이지 않는다고 해서 볼 수 있는 형태로 나타날 수 없다는 의미는 아닙니다. 예를 들면 출애굽기 24장에 등장하는 모세, 아론, 나답, 아비후, 이스라엘의 장로 70명이 하나님을 보았습니다. 구약 성경에서 **주의 천사**로 등장하는 분이 하나님이며 자신의 존재를 보이도록 나타낸 점이라는 걸 알 수 있습니다.창 16:7, 출 3:2

빌립보서 2장 6절을 통해 예수 그리스도께서 처음부터 **하나님의 형체**로 존재하신다는 걸 알 수 있습니다. 형체라고 번역된 이 그리스어는 외적 형태를 가리킵니다. 우리 눈에 보이는 형태입니다. 의심의 여지 없이 이 구절이 제시하는 예수 그리스도는 본래 천상계에서 눈에 보이는 형태로 존재하는 하나님임이 틀림없습니다. 이 구절과 기타 성경의 구절을 통해 하나님의 영원한 본질은 완전히 영적이며 보이지 않지만, 그럼에도 불구하고 세상에 자신의 모습을 보이며 영원히 눈에 보이는 외적 형태를 갖추실 수 있다고 결론 내릴 수 있겠습니다.

Q. "삼위일체"란 무슨 뜻입니까? 어떻게 하나님이 한 분이면서 동시에 세 분일 수 있습니까?

A. 하나님이 한 분이면서 동시에 세 분으로 분열할 수는 없습니다. 성경 어디에도 이런 의미로 하나님을 가르치는 부분은 없습니다. 그렇다면 삼위일체는 어떤 개념일까요? 이 사실에 담긴 정확한 본질로 보면 완벽하게 만족할 만한 답변은 불가능할지도 모릅니다. 우선 하나님은 영입니다. 하지만 숫자라는 건 주로 현실세계에 속한 개념입니다. 영적인 존재를 물리적인 존재의 형태로 묘사하려고 하면 당연히 어려움이 따르기 마련입니다. 둘째로 하나님은 영속합니다. 하지만 우리는 유한합니다. 하나님의 삼위일체를 철학적으로 설명하려는 시도는 그분의 영속적인 속성을 유한한 사고의 형태에 억지로 넣으려는 것과 같습니다. 아무리 최선을 다한다고 해도 완벽할 수는 없습니다. 삼위일체의 교리는 수 세기 동안 교회에서 수용한 교리로서 방향성을 보아야 합니다. 이 진리를 완전하고 온전하게 서술하려고 하면 의문이 생기기 마련입니다.

우리가 아는 바는 하나님이 본질적으로 유일한 분이며 그분의 신격에 담긴 속성이 세 가지라는 겁니다. 아버지, 아들, 성령이지요. 이 세 가지 속성은 하나님으로 불리며 하나님으로서 경배를 받습니다. 하나님은 한 분입니다. 하지만 이 한 분이 스스로 우리에게 자신이 아버지, 아들, 성령이라고 알리셨습니다. 그런데 아들과 성령은 둘 다 아버지에게 복종합니다. 그러니 아버지 하나님이 절대적이고 최종적인 개념에서의 하나님입니다. 하나님의 본질인 것이지요. 아들은 하나님이 드러난 분입니다. 수원은 흐르는 강의 근원입니다. 이와 같이 아버지 역시 아들에게 자신의 완벽함을 주셨고 이 때문에 **나를 본 자는 아버지를 보았다** 요 14:9고 당당히 말씀하신 거지요. 영원을 통틀어 아들은 존재했으며 아버지의 모든 완벽을 담고 계십니다. 아버지의 완벽을 지녔으나 그분은 아버지가 아니라 아버지와 구별되었으며 영원히 아버지에게 복종합니다. 이즈음 되면 우리가 이해할 수 있는 범주를 넘어가기 시작합니다. 우리가 그 영광에 얼마나 다가가든 유리가 아니라 얼굴과 얼굴을 마주한 듯고전 3:12 이해할 수 있는 날이 올 겁니다. 부분적으로 아는 게 아니라 그분이 우리를 아는 것처럼 우리 역시 완벽하고 완전히 그분을 알게 될 겁니다.

Q. 하나님이 자비와 사랑의 신이라면, 그분이 우주를 관장하는 분이라면 왜 지진, 해일 등의 자연재해를 일으켜서 많은 생명을 순식간에 앗아 가는 겁니까?

A. 하나님께서 그렇게 하는 것이 적절하다고 보시기 때문입니다. 하나님이 적절히 심판하셨다면 이미 온 세상은 물에 잠겨 인류는 곧장 멸망했을 겁니다. 모든 사람이 죄를 지었기 때문입니다. 모든 사람은 하나님의 진노를 초래합니다. 하지만 죄 많고 배교한 민족도 사랑하시기 때문에 받아들이는 사람은 누구나 용서받을 수 있는 길을 마련해 놓으신 거지요. 죄를 용서받는 것뿐만 아니라 하나님의 아들이자 상속자가 됩니다.요 1:12, 롬 8:14~17 이 복음을 믿는 사람은 지진, 해일 등의 재해로 죽어도 잃을 것

이 없습니다. 오히려 **그리스도와 함께** 있기 위하여 떠날 뿐입니다.빌 1:23 이 사랑을 받아들이지 않은 사람이 매우 악하고 배은망덕한 겁니다. 다가올 세상에서 맞을 심판이 지진, 해일 등의 재난으로 죽는 것보다 훨씬 더 심각합니다. 그때는 단순히 죄뿐만 아니라 하나님이 보여주신 자비히 10:29를 짓밟은 고얀 망은까지도 대가를 치릅니다.

오늘날 사람들은 대부분 하나님이 신이라는 점을 망각합니다. 그래서 우리를 어떻게 다루는지 해명해야 하는 의무가 있다고 생각합니다. 하지만 하나님의 길과 우리의 길은 다릅니다. 그분의 생각과 우리의 생각은 다릅니다. 하늘이 땅보다 높은 것같이 그분의 길과 생각은 우리보다 더 높습니다.사 55:8~9 그분의 심판은 헤아릴 수 없으며 그분의 길은 찾아낼 수 없습니다.롬 11:33 우리가 하나님께 닿아 더 이상 유리가 아니라 얼굴을 마주 보는고전 13:12 날이 도래하면 지금 우리가 이해하기 힘든 하나님의 섭리가 인간을 향한 자비이자 친절이었음을 이해할 겁니다. 지금 우리가 알아야 할 점은 하나님, 곧 그분의 무한한 지혜가 어떤 일을 행할 선한 이유를 수천 가지 대더라도 유한한 우리의 유한한 지성으로는 단 하나도 이해하지 못한다는 겁니다.

Q. 하나님이 우주를 전부 다스리고 통제한다면 죄가 지배하는 현상은 어떻게 설명하실 겁니까?

A. 지상에서만 죄가 지배적인 듯 보일 뿐입니다. 특히나 지구는 우주에서 아주 작은 일부에 불과합니다. 하나님의 계획은 영원하며 그 계획을 완전히 이루어 영원으로 이끕니다. 죄가 창궐하는 건 일시적일 뿐입니다. 현재 죄가 지배하기 때문에 하나님의 선한 계획이 이루어집니다. 이 계획이 끝나면 어떻게 하나님의 능력이 사람의 실수, 반역, 죄를 바로잡는지 보게 될 것입니다. 사실 넓은 범위에서는 지금도 볼 수 있습니다.

52. 예수 그리스도의 신성 Diety of Jesus Christ

Q. 예수 그리스도가 정말로 하나님의 아들이라는 사실을 어떻게 증명합니까?

A. 우선 예수님은 죽었으나 부활했습니다. 이 사실에는 많은 증거가 담겨 있습니다. 이미 다른 책에서 여러 차례 말했으니 굳이 또 말하지는 않겠습니다. 예수 그리스도가 죽음에서 부활했다는 사실은 그분이 하나님의 아들이라는 것 이상의 증거입니다.

예수님이 지상에서 활동하셨을 때 거듭 자신이 하나님의 아들이라고 말씀했습니다. 그 의미가 독특합니다. 어떤 사람도 하나님의 아들이 아니기 때문이지요. 마가복음 12장 1~6절을 보면 예수님은 위대한 선지자조차도 하나님을 섬기는 자였으나 자신은 유일한 아들이라고 말씀하지요. 요한복음 5장 22~23절에서 사람들이 아버지에게 영광을 바치듯 자신한테도 그래야 한다고 말씀합니다. 요한복음 14장 9절에서는 심지어 이렇게 말씀합니다. **"나를 본 자는 아버지를 보았느니라."** 예수님은 처형당하기 전 자신이 삼 일 만에 부활할 것이라고 예언했습니다. 요 2:19 엄청난 발언에 말도 안된다는 생각이 들 정도였지만, 하나님은 실제로 삼 일 만에 아들을 부활하게 하여 예언을 이루셨습니다. 하늘에서 공개적으로 '이 사람은 바로 내 아들이라. 모두 내게 영광을 돌린 것처럼 아들에게도 그리하라.'라고 말씀하는 것보다 더 확실한 증거입니다.

예수님은 하나님의 아들이었다는 점을 부활로 증명했습니다.

둘째로 예수님은 그분의 성품으로 입증했습니다. 그 성품이 아름답고 강인하며 고귀하다는 건 온 우주에 걸쳐 드러났습니다. 지금은 유대인조차도 시인하는 바입니다. 가장 악명높은 불신자들 역시 인정했습니다. 로버트 잉거솔은 이렇게 말했습니다. "내 존경과 눈물을 기꺼이 바치고 싶은 위대하고도 평온한 사람에게 이 말을 전하고 싶다." 바로 그런 분이 예수님입니다. 모든 이가 그분이 선한 사람이었음을, 영광과 진리와 고귀를 품은 분이라는 걸 인정합니다.

셋째로 예수님이 행한 기적이 그분의 신성을 증명합니다. 그분이 행한 기적 때문에 복음을 깎아 내려는 시도가 무수히 많았으나 전부 수포가 되었습니다. 예수님은 세계사에 미친 영향력으로 자신의 신성을 입증했습니다. 지금껏 살았던 어떤 사람보다도 그리스도께서 세계사에 미친 선한 영향력은 셀 수 없고 여기에 토를 달 필요가 없습니다. 그분의 영향력에 누구의 사회적, 산업적, 정치적 삶 따위를 견준다 해도, 설령 모든 사람의 삶을 다 합친다 해도 결코 견줄 수 없습니다. 만일 예수님이 하나님이 아니었다면 신성모독자이자 사기꾼이며 미친 사람에 불과할 겁니다. 하지만 그분이 역사에 미친 영향만 놓고 보더라도 그렇지 않다는 건 쉽게 알 수 있습니다. 그러니 그분은 하나님의 아들이 맞습니다.

넷째는 그분께서 지금도 거룩한 능력을 지녔다는 점입니다. 그분이 땅에서 직접 자신의 능력을 선보였던 기적이 일어난 그 시절로 돌아갈 필요가 없습니다. 예수님은 지금도 그 능력을 행사하며 누구든 이를 시험해 볼 수 있습니다. 오늘날 그분의 능력이 드러나는 방법에는 크게 두 가지가 있습니다.

① 죄를 용서하는 능력

예수님께 와서 짓누르는 죄책감을 내려놓고 실제로 양심의 가책 대신 완전한 평안을 얻었다고 간증하는 사람이 셀 수 없이 많습니다.

② 사탄의 속박에서 해방하는 능력

예수님은 지금도 술에 중독되어 있던 사람, 마약에 절어 있던 사람을 자유롭게 해주십니다. 의학적으로 이런 중독을 치료하는 방법이 많다고 반문할 수 있겠지만, 이는 예수님의 방법과 다릅니다. 의학이 중독을 치료하는 방법은 또 다른 약물을 사용하는 겁니다. 하지만 예수님은 그저 말씀으로 치유합니다. 사람을 악뿐만 아니라 다른 죄에서도 자유롭게 해주십니다. 깨끗하지 않은 사람을 깨끗하게, 이기적인 사람을 이타적으로, 악마 같던 인간을 그리스도처럼 만듭니다. 남자와 여자를 다시 만드는 분입니다. 오늘날 셀 수 없이 많은 남녀의 삶에 미치는 그분의 거룩한 영향력은 의심의 여지 없이 그분이 하나님의 아들이라는 점을 입증합니다. 제가 그분의 신성을 아는 이유는 그분만이 할 수 있는 거룩한 일이 제 삶에서 펼쳐지기 때문입니다.

53. 성령 Holy Spirit

Q. 성령님은 그리스도인 안에 거하시는지, 떠나시는지 궁금합니다.

A. 성경에 그리스도인에게 오신 성령이 떠난다고 말하는 구절은 본 적이 없습니다. 사울에게서 주의 영이 떠난 것은 사실입니다.삼상 16:14 하지만 사울은 거듭난 그리스도인이 아니었습니다. 예수님의 가르침에 따르면 성령은 그리스도인 안에 내주하십니다.요 14:17 그리스도인이 성령을 슬프게 할 수는 있으나엡 4:30 그분이 슬퍼서 떠나시지는 않습니다. 우리가 성령을 슬프게 한다고 해도 분명한 사실은 우리가 **구속의 날까지** 인쳐졌다는 겁니다. 그리스도인은 죄 혹은 세속적인 것으로 하나님의 영이 내주한다는 사실을 인지하지 못할 수 있습니다. 물론 성령의 존재를 자각하지 못하면 그분의 능력 역시 사라집니다. 그러나 그분의 떠나시지는 않지요. 그리스도인의 영 가장 안에 있는 지성소에서 물러나실지는 몰라도 여전히 그리스도인 안에 계십니다.

하지만 거듭나지 않은 사람, 완전히 회개하고 그리스도를 영접하지 않은 사람에게도 성령이 역사하실 수는 있습니다. 그런 경우라면 떠나는 것이 가능하겠지요.

Q. 성령의 능력을 받기 위해 하나님을 기다린다는 것이 무엇인가요?

A. 예수님은 사도행전 1장 8절에서 성령이 임하면 능력을 받는다고 알려주셨습니다. 수많은 사역자와 그리스도인의 경험이 이를 증명합니다. 성령의 능력은 다음과 같은 조건을 만족해야 받습니다.

① 예수 그리스도의 복음을 온전히 영접해야 합니다.
② 죄에는 전혀 반응하지 않아야 합니다.
③ 하나님의 뜻에 따라 나를 사용해달라고 완전히 드려야 합니다.
④ 세상에 예수 그리스도가 나의 구주이자 주님이라고 공개적으로 고백해야 합니다.
⑤ 기름을 부어 달라고 간절히 바라야 합니다.
⑥ 성령의 능력을 구해야 합니다.
⑦ 구하는 대로 믿어야 합니다. 막 11:24, 요일 5:14~15

이 조건을 만족한다면 그리 오래 기다리지 않아도 됩니다. 하나님은 즉시 성령을 부어주실 준비가 되어 있으세요. 눅 11:13 물론 하나님을 기다리는 법은 모든 그리스도인이 훈련해야 합니다. 확실한 사실은 하나님은 오랜 시간 개인적으로 혹은 함께 기도했던 사람에게 그분의 영을 주셨으며 그런 성도는 그분을 의지한다고 고백했습니다. 그렇다고 해서 그리스도인이 한 달 또는 여섯 달 동안 '오순절'을 기다려야 한다는 주장은 성경에 비추어 보아 적절하지 않습니다.

54. 하나님의 형상과 인간 Man in God's image

Q. 창세기 1장 27절에서 사람을 **하나님의 형상**대로 만들었다는 말씀이 무슨 뜻인가요?

A. 골로새서 3장 10절입니다. '**그를 창조하신 분의 형상을 따라 지식 안에서 새롭게 된 새 사람을 입었으니**' 에베소서 4장 24절도 **하나님을 따라 의와 참된 거룩함 안에서 창조된 새 사람**을 말합니다. 따라서 창세기 1장 26~27절의 **형상**이란 가시적이거나 육체의 닮음을 말한다기보다 지적이고 도덕적인 **지식, 의와 참된 거룩함**을 말하는 겁니다. 빌립보서 2장 6절을 보면 예수 그리스도께서 본래 **하나님의 형체**로 계셨다고 말합니다. 이 말인즉슨 거룩하면서 동시에 보이는 형태였다는 거지요. 이와 비슷하게 그리스도인의 몸 역시 마지막에 그리스도와 같은 외형을 갖추는 복을 누릴 것이며 지적으로나 도덕적으로나 그분과 같이 될 겁니다. 마 13:43, 17:2와 요일 3:2를 비교해보세요.

55. 기적 Miracle

Q. 자연의 법칙이 정해져 있는데 어떻게 기적이 일어납니까?

A. 하나님은 이 자연의 법칙을 창시하신 분입니다. 자연의 법칙은 하나님이 일하는 관습적인 방식을 보여주지요. 그 법칙이 '어디까지 정해져 있는가'는 말할 수 없는 영역입니다. 하지만 설령 불변한다고 하더라도 기적이 불가능한 일은 아닙니다. 흔히 잘 아는 법칙은 중력의 법칙입니다. 중력의 법칙에 따르면 지구 표면에 놓여 있는 돌은 지구 중심부로 끌려 들어가야 합니다. 하지만 사람이 다가와 땅에서 돌을 들 수 있습니다. 중력의 법칙이 있지만, 사람의 의지로 그 법칙을 깰 수 있습니다. 사람이 그 법칙을 깨면서도 질서를 무너뜨리지 않을 수 있다면 창조주인 하나님께서 그보다 더하신 일을 못 할 이유는 없습니다!

헛똑똑한 사람은 자연의 법칙이 불변하므로 기적은 일어날 수 없다고 시비를 걸지만 올바로 본다면 허무맹랑한 주장입니다. 진짜 의문은 기적이 일어날 수 있느냐가 아니라 '일어났는지, 증명됐는지'입니다. 가장 놀라운 기적은 예수 그리스도의 부활입니다. 어떤 유명한 불가지론자는 이렇게 말했습니다. "다른 기적을 언급할 필요가 없다. '핵심은 예수 그리스도가 부활했는가?'이다. 살아났다면 다른 기적을 충분히 믿을 수 있겠지만, 그렇지 않다면 다른 기적 역시 거짓이다." 아주 잘 말했습니다. 예수 그리스도께서 부활했다면 기적은 입증된 겁니다. 그분의 부활에 관한 논쟁 역시 엄청나지만, 역사적으로 가장 잘 증명된 사실입니다. 그러니 기적은 가능할 뿐만 아니라 명백한 역사적 사실입니다.

**Q. 기적의 시대는 이제 지나간 건가요?
왜 지금은 하나님이 기적을 행하시지 않는 건가요?**

A. 성경에 하나님이 오늘날 기적을 행하시지 않는다고 단정하는 말은 없습니다. 역사나 사람들의 경험을 통틀어서도 마찬가지입니다. 물론 예수님이 지상에서 계실 때만큼 자주, 또 많이 물리적 기적이 일어나지는 않습니다. 예수님이 세상에 오셨을 때는 하나님이 인간의 몸으로 나타나셨던 것이지만 지금은 우리 안에 영으로 계십니다. 따라서 오늘날의 기적은 영적인 왕국에서 더 풍성히 일어난다고 봐야겠지요. 중생다시 태어남은 기적입니다. 허물과 죄 가운데 죽었던 영을 예수 그리스도의 생명으로 다시 살리는 것은 몸의 부활보다 더 큰 기적입니다. 이렇게 기적은 계속 일어나고 있습니다. 실상 오늘날 그리스도를 믿는 사람은 하나님의 나라에서 그리스도께서 지상에서 이룬 것보다 더 큰 일을 행하고 있지요. 예수님이 직접 약속하신 말씀입니다.요 14:12

그리스도께서 다시 세상에 오시면 물리적 기적이 더 흔히 일어나리라 예상해볼 수 있겠습니다.

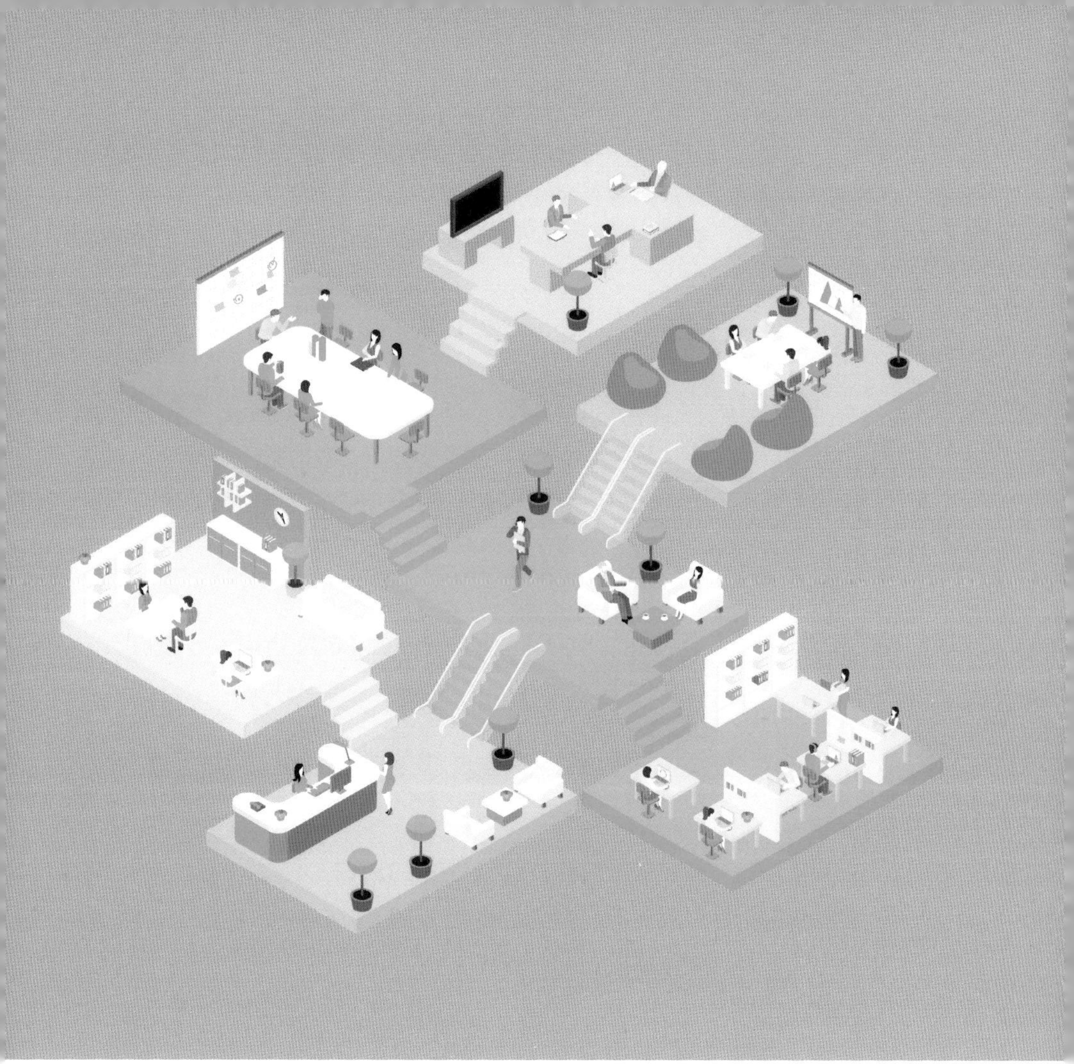

PART 6.
일상과 가정

56. 술 - 63. 점술

56. 술 Alchohol

Q. 그리스도인이 술을 마셔도 되나요?

A. 근래 가장 흔하고 또 해로운 죄의 하나가 바로 과도한 음주입니다. 저는 그리스도인 본인과 다른 사람을 위해서 술을 자제하라고 촉구하는 바입니다. 술을 마시지 않아도 사는 데 지장이 없다면 다른 그리스도인을 위해서라도 마시지 말아야 함을 꼭 짚고 싶습니다. 고린도전서 말씀처럼요. 반대로 술 없이 못 산다면 본인을 위해서라도 끊길 바랍니다.

그런즉 너희의 이러한 자유가 어떻게 해서든지
약한 사람들에게 거치는 것이 되지 않도록 유의하라.
음식이 내 형제를 실족시킨다면
나는 고기를 이 세상이 존재하는 한 먹지 아니하리니
이는 내가 내 형제를 실족시키지 아니하려는 것이니라. 고전 8:9,13

Q. 배우자가 계속 술을 마시면 어떻게 해야 할까요?

A. 우선 하나님께 가서 기도하세요. 만일 배우자가 술을 마시는 원인이 여러분 때문이라면 하나님께서 알려주실 테니까요. 기도할 때는 무척 자상하고 좋은 태도를 지닌 사람이 평소에 화를 내거나 상반된 모습을 보인다면 가장 먼저 하나님과의 관계를 올바로 세우고 성령으로 충만해져야 합니다. 그러면 성령 충만한 삶을 통해 거룩한 아름다움이 보일 겁니다. 여러분의 배우자가 바로 그 점에 이끌리게 하세요. 꾸준히 기도하면서 배우자에게 이 문제를 말할 기회를 엿보세요. 배우자가 회심하기 전까지 절대로 포기하지 말 것을 당부합니다.

57. 보험 Insurance

Q. 그리스도인은 생명보험, 손해보험 따위를 가입해서는 안 된다고 말하는 사람이 있습니다. 보험 가입은 하나님의 섭리적인 보호를 불신하는 것이라며 말이지요. 이에 관한 성경의 가르침은 무엇입니까?

A. 성경에 따르면 하나님을 신뢰하는 것과 미래의 필요를 위해 현명히 대비하는 것은 전혀 상충하지 않습니다. 실례로 잠언 6장 6~8절을 보세요. **너 게으른 자여, 개미에게로 가서 그 길들을 살펴보고 지혜롭게 되라. 개미는 인도하는 자도, 감독하는 자도, 다스리는 자도 없으나, 여름에 먹을 것을 마련하며, 추수 때에 양식을 모으느니라.** 다른 예도 있습니다. 바울 사도는 투옥당한 뒤 로마로 향하는 배에 승선해 크레타섬으로 떠났습니다. 항해 도중 큰 폭풍을 만났고 배에 탄 모두가 죽을 것 같았지요. 이때 바울이 기도하자 하나님께서 바울과 함께 한 모든 사람을 구해내 주실 거라는 확신을 주셨습니다. 분명 바울은 하나님께서 약속하신 바를 굳건히 믿었습니다. 그런데도 선원들이 도망가려고 보트를 내리자 이를 저지했지요.행 27:21~36. 바울은 그 행위가 믿음이 없기에 제지한 것이 아니었습니다. 그분의 약속을 이행하기 위해 하나님과 협력했을 뿐이었지요.

질문으로 돌아와서 미래를 대비하기 위해 생명보험, 손해보험 등에 가입할지 여부는 전적으로 개인이 기도하고 결정할 문제입니다. 하나님은 우리가 그분을 바라보며 기도의 조건에 알맞게 이런 문제를 물으면 어떻게 해야 하는지에 대한 지혜를 약속하십니다.약 1:5~8 하나님께서 누군가의 건강이나 재산을 보험 들기 위해 돈을 쓰는 것이 현명하지 못한 처사라고 분명히 보여주셨을 때, 그때도 보험 가입을 강행한다면 그것은 하나님을 불신하는 처사이겠지만요.

58. 의학 Medicine

Q. 야고보서 5장 14~15절은 병든 사람이 있으면 장로를 불러 기도하라고 말하는데, 그렇다면 그리스도인은 의학의 도움은 받지 말아야 한다는 건가요? 아니면 이렇게 기도할 때 즉시 치료할 방법을 알려주신다는 건가요?

A. 이 구절은 의학 치료를 받는 것과는 전혀 상관없는 구절입니다. 해당 구절이 아플 때 어떻게 해야 하는지 말하고 있기는 하나 그것이 의학의 도움을 받아서는 안 된다는 말이 아니지요. 다른 수단을 쓰지 않고도 위 구절처럼 치료를 받는 것이 때로는 하나님의 목적일 수도 있습니다. 하지만 하나님의 말씀은 분명 의료 수단을 사용하는 것이 적절하다고 가르칩니다. 디모데전서 5장 23절을 참조하세요.

59. 종교 Religion

Q. 기독교 신앙과 다른 종교의 차이는 무엇인가요? 각자 최선을 다한다는 점에서 차이가 없지 않나요?

A. 완전히 다릅니다. 기독교 신앙이 진리입니다. 다른 종교는 그렇지 않습니다. 설령 그런 종교 안에 진리의 요소가 담겨 있다고 할지라도 말입니다. 물론 종교를 열심히 믿으면 거짓말 같지도 않은 거짓말은 안 할 겁니다. 사실 문제는 거짓말을 열심히 성심껏 믿으면 더 상태가 나빠진다는 겁니다. 제가 독극물을 음식으로 믿는다고 가정해봅시다. 너무 믿어서 그 독을 마시면 독인 줄 알고 마셨을 때와 똑같이 곧장 죽겠지요. 다른 예를 들어봅시다. 기차를 탔는데 잘못 타서 내가 가려는 목적지와 반대로 간다고 해보겠습니다. 내가 가려는 곳에 기차가 도착할 것이라며 아무리 열심히 믿어도 절대 원하는 곳에 도착하지 못할 겁니다. 진리는 믿으면 자유롭게 해줍니다.요 8:32 하지만 오류는 아무리 열심히 믿어도 자유롭게 해주지 못합니다. 오히려 오류를 열심히 믿을수록 노예가 될 뿐입니다.

무얼 믿든 열심히 믿으면 별 차이가 없다는 오늘날의 견해보다 더 어리석은 생각이 없습니다. 그 사람이 무엇을 믿는가는 그가 누구인가를 결정합니다. 오류를 믿으면 앞으로의 삶뿐만 아니라 지금 생도 틀릴 겁니다. 얼마나 열심히 믿든지 상관없이 말이지요.

60. 결혼 Marriage

Q. 그리스도인은 그리스도인이 아닌 사람과 절대로 결혼하면 안 되는 건가요?

A. 그렇다고 할 수 있습니다. 불신자와 결혼하는 것은 하나님의 말씀이 명백히 가르치는 바를 위반하는 겁니다. 고린도후서 6장 14절은 **믿지 않는 자들과 멍에를 같이 메지 말라**고 했습니다. 분명 많은 사람이 부지불식 간에 그렇게 하겠지만, 그렇다고 해서 정당화할 수는 없는 일입니다. 남녀의 결혼은 매우 완전하고 친밀한 의미로서 멍에를 같이 메는 일입니다. 위 구절의 **믿지 않는 사람**은 단순히 비기독교인을 말하는 것이 아니라 예수 그리스도를 확고히 거절하고 그분께 자신의 삶을 바치지 않은 사람을 가리킵니다.

하나님의 말씀을 거슬러 올린 결혼이 파국으로 치닫는 경우가 많습니다. 어떤 자매는 남편을 회심하게 만들겠다는 목적으로 결혼하기도 합니다. 하지만 이런 결혼은 형언 못 할 비극을 피할 수 없습니다. 내가 하나님께 순종하지 않으면서 다른 사람이 회심하기를 바랄 수는 없는 노릇입니다.

Q. 가톨릭 신자와 개신교 신자의 결혼을 어떻게 보시나요?

A. 로마 가톨릭 신자든 개신교 신자든 둘 다 주 예수 그리스도를 진정으로 영접한 그리스도인일 수 있습니다. 하지만 두 교파의 차이는 매우 커서 결혼이 갈등과 오해로 막을 내릴 겁니다. 특히나 아이가 태어나면 아이 양육에 관한 문제 때문에 그렇다는 점을 알게 될 거예요. 결혼 전에 가톨릭과 개신교 사이의 근본적인 차이점에 관한 이견을 조율하지 않으면 차라리 하지 않는 편이 낫습니다.

Q. 성경은 친척 간의 결혼을 금지하고 있습니까?

A. 성경에 친척 간의 결혼을 금한다는 명확한 계명은 없습니다. 하지만 잘 알다시피 가까운 친족과 결혼하는 건 유전적 위험도가 큽니다. 가족 중에 유전적인 문제가 있으면 친족 간에 태어난 아이는 이 문제점이 두드러지게 나타납니다. 일례로 친족 결혼이 여전히 남아있는 일부 나라에서는 많은 아이가 심리적으로 문제를 겪거나 유전병을 앓습니다. 후손에게 그런 커다란 위험을 남길 가능성이 잠재해 있는 결혼을 성경이 승인하지는 않을 겁니다.

61. 이혼 Divorce

Q. 성경에서는 이혼과 (이혼한 배우자가 살아있음에도 다른 사람과 하는) 재혼이 어떤 경우에도 허락되지 않나요?

A. 성경은 이혼과 재혼 모두 허락하지 않습니다. 단 하나의 예외를 제외하고 말입니다. **누구든지 음행한 연고 외에 자기 아내를 버리는 자는 그녀로 간음하게 하는 것이요**마 5:32 따라서 이혼당한 배우자와 결혼하는 것 역시 간음입니다.마 19:9 지금은 이런 일이 흔하지만 성경이 제시하는 이혼과 결혼의 조건은 딱 하나뿐입니다. 배우자의 부정입니다.

물론 어떤 사람들은 배우자가 부정을 저질렀다고 해도 로마서 7장 2~3절을 제시하며 재혼은 안된다고 주장합니다.

남편이 있는 여인은 그 남편이 살아 있는 한
그에게 법으로 매여 있으나 남편이 죽으면
그녀는 그 남편의 법에서 벗어나느니라.
그러므로 남편이 살아 있는 동안에
다른 남자와 혼인하면 간음한 여인이라 불리지만
그녀의 남편이 죽으면 그 법에서 해방되므로
다른 남자와 혼인하더라도 간음한 여인이 아니니라.

하지만 이 구절의 요지는 명확합니다. 바울은 로마서 7장에서 이혼에 관한 문제가 아니라 일례로 결혼의 상호 의무를 언급하는 것일 뿐입니다. 바울이 말하는 핵심은 죽음입니다. 바울은 이런 한 구절로 어떤 문제를 일반화하지 않습니다. 이 구절에서 이혼은 언급하지도 않았고요. 그리스도께서 하신 말씀이 정확합니다. 배우자가 부정을 저질렀다면 이혼과 재혼은 죄가 아닙니다.

만일 믿지 않는 배우자와 이혼했다면 재혼하지 않고 사는 편이 더 나으리라 봅니다. 적어도 이혼한 배우자가 눈을 감기까지는 말입니다. **삶의 골칫거리**를 만들지 않기 위해서라도 그렇습니다.고전 7:28 그러나 이미 배우자가 부정을 저질러 이혼했고 재혼을 했다면 그것이 성경으로 비추어 봤을 때 문제의 소지는 없습니다.

62. 골칫거리 Trouble

Q. 하나님께서 골칫거리를 만드시나요? 고의로 우리에게 문제를 떠 안겨 주시는 건지, 아니면 그런 골칫거리가 순리에 따른 사건인지 궁금합니다.

A. "순리에 따른 사건" 자체가 하나님의 질서입니다. 하나님은 모든 것을 주관하시지요. 인간 역사의 아주 세세한 부분까지 모두 하나님의 손에 있으며 지극히 자연적이고 피할 수 없는 듯 보이는 상황 역시 하나님의 직접적인 개입과 별반 다를 바 없는 그분의 의지가 담겨 있습니다.

이따금 하나님이 우리에게 문제가 생기도록 허락하시는 건 사실입니다. 이런 경우 우리에게 필요하기 때문에 승인하신 겁니다. 불필요하다면 일어나지 않도록 하셨겠지요. 내 뜻을 하나님께 드리면 훈육, 훈계 따위를 위한 어려움은 겪지 않을 겁니다. 이런 일은 하나님께 내 뜻을 고집할 때 발생하며 내 고집을 꺾으면 상당한 어려움을 피할 수 있지요. 우리에게 닥친 골칫거리에서 하나님의 의도를 빠르게 배울수록 문제는 금방 해결됩니다. 예를 들어 몸이 아플 때 하나님께서 가르치려는 의도가 있어 허락하셨다는 사실을 빨리 깨달을수록 금세 낫습니다. 수 개월, 수 년 동안 문제를 해결하지 못해 끙끙 앓는 사람을 보았는데 하나님께 자기 뜻을 굽히고 그분의 뜻에 감사하자 즉시 문제가 해결됐습니다. 그분의 뜻이 무엇이든 간에 순종하고 그분을 바라보면 하나님은 구원해주십니다.

사탄은 여러 골칫거리의 원흉인데 그 역시도 하나님의 통제 아래 있습니다. 욥욥 1:12, 2:6이나 바울고후 12:7~9의 사례를 참고하세요.

63. 점술 Spiritualism

Q. 그리스도인이 점을 쳐도 되나요?

A. 생각이 있는 그리스도인이라면 점을 치지 않을 겁니다. 성경에서는 매우 명백하게 이런 행위를 규탄하기 때문입니다.

점술은 현대의 것이 아닙니다. 모세가 살던 시절부터 있었습니다. 당시 영매술사는 자기가 부리는 영의 말을 전달했습니다. 하나님께서는 모세를 통해 이런 영으로 자문해주는 행위를 매우 강력한 어조로 규탄하셨습니다. 예로 레위기 19장 31절을 보세요.

부리는 영들을 지닌 자들을 주시하지 말고,
마법사들을 추종하여 그들로 말미암아 더럽혀지지 말라.

레위기 20장 6절입니다.

또 돌이켜서 부리는 영들을 지닌 자들과 마법사들을 따라
그들과 음행하는 혼은 내가 그 혼을 대적하여 내 얼굴을 두고,
그를 그의 백성 가운데서 끊으리라.

신명기 18장 10~12절입니다.

자기 아들이나 자기 딸을 불 가운데로 지나가게 하는 자나
점치는 자나 때를 살피는 자나 마법사나 무당이나
마술사나 부리는 영들에게 묻는 자나 마법사나 강신술사를
너희 가운데서 보이지 않게 할지니라.
이는 이러한 일들을 행하는 모든 자들이 주께 가증함이 됨이니,
이러한 가증한 것들 때문에 주 너의 하나님께서
네 앞에서부터 그들을 가나안 민족들 **쫓아내시느니라.**

유다의 왕이었던 므낫세가 가장 크게 책망받은 부분은 점술을 행했기 때문입니다. 하나님은 이에 분노하셨습니다.왕하 21:1~2, 6 사울은 왕국을 잃고 점술사에게 조언을 구하러 갔습니다. 역대기상 10장 13~14절은 이렇게 말합니다.

그리하여 사울이 죽으니라.
이는 그가 주께 범한 죄 때문이었으니
그가 주의 말씀을 거역하여 지키지 아니하고
또 부리는 영을 지닌 자에게 조언을 구하여 그것을 묻고,
주께 묻지 아니하였으므로 주께서 그를 죽이시고
왕국을 이새의 아들 다윗에게로 돌이키셨더라.

소위 현대 마술 역시 전부 사기입니다. 이들이 사용한 속임수가 여러 차례 드러났습니다. 물론 전부 거짓은 아니더라도 여전히 그 속임수가 밝혀지고 있습니다. 현대 점술의 대부분은 그 속임수를 알 수 있고 대부분 사기이지만 그중 일부는 초자연적인 능력을 발휘하기도 합니다. 하지만 잊지 말 것은 아무리 초자연적이라고 하더라도 그것이 반드시 옳거나 진리라는 의미가 아닙니다. 성경은 보이지 않는 세계, 즉 영의 세계가 실재한다고 가르치나 어떤 영은 악합니다. 마귀의 천사들과 사자가 있습니다. 엡 6:12, 살후 2:9~12 어떤 사람의 행위나 계시가 설명 불가능하더라도 (그의 행위와 계시가 초자연적인 세계와 연관 있음을 보여준다고 해도) 하나님과의 관련성을 입증하는 것은 아닙니다. 오히려 마귀와 연관되어 있음을 드러내는 것일 수도 있습니다. 영이 스스로 모습을 드러낼 수는 있지만, 그 영이 이 세상에 남아있는 선하고 현명한 사람의 영이라고 결론지을 수 없지요. 내가 아끼고 사랑하던 사람의 모습처럼 보이는 영은 악령일 가능성이 높습니다.

제가 시카고에서 일할 때 아주 유명한 점술사가 제게 와서 이렇게 말했습니다. "토레이 씨, 이건 전부 손이나 속임수를 이용한 사기가 아닙니다. 바로 영이 벌이는 일입니다. 하지만 악령이지요. 어젯밤 내내 이 일을 시킨 악령에게 시달렸어요." 저는 그에게 사업을 전부 접는 게 어떻겠냐고 물었습니다. 그는 이 일로 엄청난 돈을 벌었으며 이렇게 호화스럽게 살 다른 방법이 없다고 답했지요. 제 친구도 점술에 손을 대며 이 비범한 능력을 얻으려다가 결국 전부 그만뒀습니다. 괜찮을 거로 생각해서 뛰어 들었지만, 마귀적이라는 사실을 발견하는 건 금방이었습니다. 이런 사례가 많습니다.

설령 나타난 영이 내가 사랑하는 사람의 영이라 할지라도 성경은 이런 식으로 조언을 구하지 말라고 말씀합니다.사 8:19~20 점술이나 영매에 손을 대는 건 마귀의 영역에 발을 들이는 것이며 하나님의 명확한 명령에 불순종하는 일입니다.

점술의 영적, 도덕적 영향력 역시 파괴적입니다. 언제든 예수 그리스도를 버리고 온갖 부도덕한 일을 저지르게 만들지요. 사랑하는 사람을 먼저 떠나보내면 종종 그들과 다시 만나고 싶다는 강력한 유혹이 찾아오고 좋은 의미에서 영매를 권하기도 합니다. 하지만 그건 마귀의 덫이며 혼을 영원히 파괴하는 결과를 초래합니다.

PART 7.
과거, 현재, 미래

64. 유대인 - 69. 하늘나라

64. 유대인 Jews

Q. 하나님의 관점에서 지금도 여전히 유대인과 이방인 간의 차이가 있는 건가요?

A. 거의 확신하건대 그렇습니다. 고린도전서 10장 32절을 보면 바울은 사람을 크게 세 가지로 분류합니다. 유대인, 이방인, 하나님의 교회로 말이지요. 오늘날에도 하나님은 유대인, 이방인, 교회를 위한 계획을 각각 갖고 계십니다.

다만 교회에서는 유대인이나 이방인의 차이가 없습니다.갈 3:28 예수 그리스도를 구주로 믿고 주님으로 모시며 공개적으로 고백했다면 그리스도의 몸을 구성하므로 교회의 일부가 됩니다. 유대인이지만 예수님을 믿은 사람과 이방인이지만 예수님을 믿은 사람 간의 관계 차이는 거의 동일합니다. 그리스도인에게 주신 약속을 둘 다 누리기 때문입니다. 그리스도인에게 하신 약속을 유대인 그리스도인과 비유대인 그리스도인에게 나누어 적용하려는 건 옳지 않습니다. 유대인이건 이방인이건 그리스도인의 것은 그리스도인의 것입니다.

하지만 교회를 벗어나면 유대인과 이방인을 향한 하나님의 계획은 거의 완전히 다릅니다. 지금 시대는 특별히 비유대인을 위한 시기이지요. 유대인은 잠시 변두리로 밀려났지만, 무대에 다

시 오르는 때가 도래할 겁니다. 롬 11:1~32

65. 창조 과학 Christian Science

Q. 창조 과학의 오류를 어떻게 입증하실 건가요?

A. 많은 사람이 창조 과학에 발을 들이고는 정도에서 벗어납니다. 창조 과학자 대부분은 성경을 믿는다고 말하지요. 그래서 요한일서 4장 1~3절을 보여줍니다.

사랑하는 자들아, 모든 영을 다 믿지 말고
그 영들이 하나님께 속하였는지 시험하라.
이는 많은 거짓 선지자들이 세상에 나왔음이니라.
하나님의 영을 너희가 이렇게 알지니,
예수 그리스도께서 육신으로 오신 것을 시인하는 모든 영은
하나님께 속한 것이요, 예수 그리스도께서 육신으로 오신 것을
시인하지 아니하는 모든 영은 하나님께 속한 것이 아니니,
이것이 곧 적그리스도의 영이니라.

이 구절은 창조 과학자들의 근간을 흔듭니다. 예수 그리스도의 성육신은 근본 교리지만, 이들은 그 사실을 부정하기 때문입니다. 그분의 몸이 실재였다는 것, 성육신이 실재(이자 필수)였다는 교리를 부정합니다. 그런 사람들에게 예수 그리스도가 육신으로 오신 것을 시인하지 않는 모든 영이 적그리스도의 영이라는 점을 알려주세요. 그리스도의 성육신을 부인하는 사람은 그리스도인이 아닙니다.

Q. 창조 과학을 만든 메리 베이커 에디가 그 교리를 거룩한 영감으로 받았다는 주장이 틀렸다는 근거가 무엇입니까?

A. 우선 메리 에디가 주장한 이론은 자신을 치료했던 큄비에게서 비롯했다는 점이 증명되었기 때문입니다. 그녀가 처음 책을 냈을 때 절대로 자기가 직접 고안했다거나 하나님으로부터 받았다고 말한 적이 없습니다. 자신을 치료해주었던 사람의 수하에서 배운 그의 견해를 썼다고 솔직하게 고백했습니다.

두 번째 이유는 주장한 교리가 틀렸기 때문입니다. 에디는 성육신이 실제로 일어나지 않았다고 주장했습니다. 이 주장만 놓고 보더라도 그 교리가 진리인지 아닌지 시험해 볼 수 있지요. 앞서 언급했던 것처럼 성육신에 관한 교리에 의문을 제기하는 건 하나님의 영이 아닙니다. 그녀는 대속도 부정했습니다. 복음의 근본 진리인데 말이지요. 대속에 관한 관점 역시 성경과 일치하지 않습니다.고후 5:21, 갈 3:13, 벧전 2:24 이것 외에도 큰 문제점이 많습니다.

물론 창조 과학이 주장하는 일부 내용 중에는 옳은 것도 있습니다. 하지만 올바르지 않은 모든 시스템 안에도 몇몇 진리가 있는 법입니다. 그러나 그 진리가 나머지 비진리를 정당화해주지는 못합니다. 이런 사람들은 일부분 맞는 얘기를 왜곡하고 호도하여 거대한 오류를 덮어 버립니다. 정신이 몸에 엄청난 영향력을 미치며 많은 질병을 정신력으로 이겨 낼 수 있다는 주장은 분명한 사실이지요. 하나님은 기도에 응답하시기에 기도하면 병을 고치신다는 것 역시 성경과 경험을 통해 아는 사실입니다. 성경은 예수 그리스도의 사역이 몸뿐만 아니라 혼을 위해서였다고 분명히 밝히지요. 모든 학자가 인정하는 바와 같이 약물 사용은 상당한 부작용이 있습니다. 에디는 이런 사실을 이용하여 교회가 미쳐 눈 뜨지 못한 방향의 문을 열어 엄청난 양의 파괴적이고 저주받을 오류를 퍼뜨렸습니다. 교회가 제역할을 다 하고 복음을 충실히 전했다면 창조 과학의 가르침에 노출된다고 하더라도 많은 사람이 그 덫에 잡히지는 않을 겁니다.

66. 예수 그리스도의 재림 Second Coming

Q. 성경은 예수님이 직접 눈에 보이게 지구로 오신다고 가르치나요?

A. 그렇습니다. 예수님이 눈에 보이도록, 실제로 직접 다시 오신다는 건 성경이 명확히 밝히는 바입니다. 사도행전 1장 10~11절을 보면 제자들이 하늘로 올라가시는 예수님을 볼 때 흰옷을 입은 두 사람이 나타납니다. 이 두 사람이 제자들에게 이렇게 말합니다.

너희를 떠나 하늘로 들려 올라가신 바로 이 예수는
너희가 하늘로 가심을 본 그대로 오시리라.

예수님은 직접 실제 몸을 지닌 채 눈에 보이도록 하늘로 가셨습니다. 제자들이 들은 말은 그대로 다시 오실 거라는 말이었습니다.

예수님이 직접 다시 오시는 것이 아니라고 주장하는 사람은 "**본 그대로**"라는 표현이 "그만큼 확실하게"의 의미라고 주장합니다. 하지만 "**본 그대로**"라고 번역된 그리스어 단어는 그런 문장 구조가 아닙니다. 그런 식으로 사용된 적조차 없습니다. 글자 그대로 옮기면 "따라서 그와 같은 방식으로"인데 여기에서 방식은 어떤 일이 이루어진 정확한 형식이라는 의미로만 쓰입니다. 따라서 예수님은 제자들이 보았던 그대로 다시 오실 겁니다. 직접 몸을 지닌 채 눈에 보이도록 말이지요.

요한복음 14장 3절, 데살로니가전서 4장 16~17절 등 여러 구절에서 같은 진리를 말합니다. 히브리서 9장 28절은 **그리스도께서 많은 사람의 죄를 담당하시려고 한 번 드려지셨고, 두 번째는 자기를 바라는 자들을 구원에 이르게 하시려고 죄 없이 나타나시리라**고 되어 있습니다. 여기서 "**나타나시리라**"고 번역된 단어는 그리스어 단어 그대로 옮기면 "보이다"입니다. 이 단어는 오직 눈으로 보이는 것을 가리키는 단어입니다. 요한계시록 1장 7절 역시 이렇게 말합니다. **보라, 그가 구름과 함께 오시리니, 모든 눈이 그를 볼 것이며, 그를 찌른 자들도 볼 것이요, 또한 땅의 모든 족속이 그로 인하여 애곡하리라.**

이 확실한 약속은 어떤 방식으로 해석하더라도 일부 사람들이 주장하는 것처럼 성령으로 예수님이 다시 오신다는 뜻이 아닙니다. 물론 성령의 강림은 분명 예수님이 오시는 겁니다. 요 14:15~18, 21~23 하지만 여기서 오신다는 건 위의 구절에서 오시는 것과는 다른 얘기입니다. 성경의 명확한 설명을 이런 식으로 왜곡하는 것은 적절하지 않습니다. 또 예수님의 재림은 성도가 죽었을 때 마중 나온다는 말도 아닙니다. 앞선 구절은 성도의 죽음과 연관성이 없습니다. A.D. 70년 예루살렘이 파괴되었을 때 그리스도가 오실 거라는 말도 아닙니다. 예루살렘이 파괴된 건 전조, 예언으로서 마지막 시대의 심판 유형을 나타냅니다. 따라서 마태복음 24장 3~31절과 마가복음 13:3~27절은 상호 연관된 구절입니다. 예루살렘에 내려진 하나님의 심판은 절대 사도행전 1장과 위에 제시한 구절과는 전혀 상관이 없습니다. 신약에는 예수님이 다시 오신다는 언급이 자주 등장합니다. 이는 교회가 지닌 큰 소망이며 앞으로 이루어질 예언입니다.고전 11:26, 요 21:22~23, 계 1:7, 22:20

Q. 예수님은 어떻게 다시 오시나요?

A. 앞서 설명했듯이 예수님은 직접, 눈에 보이는 몸을 지닌 채 오실 겁니다. 한 가지 덧붙이자면 아주 공개적으로 오십니다.마 24:26~27, 계 1:7 가끔 지구 구석에서 그리스도가 재림했다고 말하지만, 이런 '방구석' 그리스도마 24:26는 예전부터 전부 거짓이었습니다. 예수님은 **권세와 큰 영광으로 하늘의 구름을 타고** 오십니다.마 24:30 거룩한 천사와 함께 아버지의 영광 중에 오시지요.마 16:27, 막 8:38, 살후 1:7 사전 예고 없이 갑자기 오십니다.마 24:37~39, 눅 21:34~35, 살전 5:2~3, 계 16:15

Q. 예수님이 곧 오실 거라고 믿으십니까? 그렇다면 그 이유는 무엇인가요? 우리가 대비해야 할 것은 무엇입니까?

A. 제가 아는바 예수님은 언제든 오실 수 있습니다. 성경에 주님이 다시 오기 전 지상에 있는 성도들에게 일어날 사건은 나오지만, 예수님께 생길 사건은 없습니다.살전 2:1~4, 8 예수님은 그리스도인을 위해 언제든 오실 수 있고 성경은 **생각하지 않은 시간에** 주님이 오시니 항상 대비하라고 말하지요.마 24:44

게다가 이런 구절도 있습니다. **주의 오심이 가까움이라.**약 5:8 디모데후서 3장 1~5절은 지금 우리 시대를 아주 정확히 묘사합니다. 교회와 설교단에서 믿지 않는 사람의 수가 증가하고 사회 및 정치는 불안하며 적그리스도가 급속도로 활동합니다. 이 모든 현상은 주님이 곧 오신다는 점을 알려줍니다. 하지만 마음에 유념해야 할 건 과거의 성경을 공부하던 학생들과 정직한 하나님의 사람들 역시 주님이 곧 오신다고 생각했다는 점이지요. 그렇다고 해서 옛적 그리스도인들이 실수한 것은 아닙니다. 오히려 주님이 오시려면 멀었다고 생각하며 사는 것이 더 큰 실수입니다.

오늘날 **이 땅에 앞으로 무슨 일이 일어날 것인가를 생각하면, 사람들의 마음은 두려움으로 인하여 실신할** 겁니다.눅 21:26 하지만 진정한 그리스도인과 총명한 제자라면 이런 일이 닥쳐도 낙심하지 않습니다. 오히려 고개를 들고 하늘을 봅니다. 구속의 날이 가깝기 때문입니다.눅 21:28 옷을 갖춰 입고 등에 불을 켠 상태로 기다리며눅 12:35 혼인을 마치고 온 주인이 노크하면 곧장 맞이할 준비가 돼야 하지요.눅 12:36

Q. 마태복음 16장 28절에 대한 논리적이고 타당한 해석은 무엇입니까?

여기 서 있는 사람들 몇은 인자가 그의 왕국으로 오는 것을 볼 때까지 죽음을 맛보지 아니하리라.

A. 이 질문의 답은 마태복음 16장과 17장을 장 구분 없이 읽으면 명확히 알 수 있습니다. 성경의 장이라는 건 본래 원문에는 없지만 편집자가 편의상 추가한 것입니다. 그래서 가끔 이 구분이 논리 흐름을 방해하기도 합니다. 이 구절 역시 그런 사례입니다.

질문에 언급한 예수님의 말씀에 이어 저자인 마태는 그리스도께서 변형된 사건을 기술합니다. 인자인 예수님은 모습이 바뀌어 왕국에 입성하는 듯한 형상이었습니다. 예수님은 원래 자신에게 적합한 영광스러운 모습을 보여주셨습니다. 만일 예수님이 그 모습을 유지하셨다면 십자가에서 돌아가시지 않으셨을 겁니다. 그러나 주님은 그 영광스러운 모습을 내려놓고 산에서 내려와 끔찍하고 비극적인 죽음을 마주하셨습니다. 인간을 구원할 유일한 방법이었기 때문이지요. 주님이 영광스러운 모습으로 모세와 엘리야와 나누신 대화는 바로 그분의 **죽음**이었습니다.눅 9:31 마태복음 16장 28절의 **여기 서 있는 사람들 몇**은 바로 변형 산에서 예수님이 인자로서 그분의 왕국과 함께 오신 걸 본 겁니다.

67. 몸의 부활 Ressurection of the body

Q. 우리가 지금과 똑같은 몸으로 부활하는 게 어떻게 가능합니까?

A. 당연히 불가능합니다. 성경은 분명히 몸이 부활한다고 가르칩니다. 하지만 지금과 같은 몸이라고 하지는 않습니다. 성경은 지금과 같은 몸으로 부활하지 않는다고 분명히 말씀합니다. 고린도전서 15장 37~38절입니다.

또 네가 뿌리는 것은 앞으로 될 형체를 뿌리는 것이 아니라
밀이나 다른 씨앗의 알맹이일 뿐이나 하나님께서는 자기 뜻대로
씨앗에다 형체를 주시되 씨앗마다 그 고유한 형체를 주시느니라.

42절은 이렇게 말합니다.

죽은 자들의 부활도 이와 같으니
썩을 것으로 심겨서 썩지 아니하는 것으로 일으켜지며

문맥이 잘 말해주듯 곡식은 각각 다른 모습으로 자랍니다. 몸의 부활도 마찬가지이지요. 부활하는 몸은 (비록 그 몸의 결과물이겠지만) 땅에 묻힌 그 몸이 아닙니다. 무덤에 잠든 우리 몸과 똑

같은 물질 구성이 아니라는 뜻입니다. 그런데도 몸입니다. 실제 몸이지요. 고린도전서 15장 42~44절에서 말하듯 썩을 것으로 심겨져 썩지 아니하는 몸으로 부활합니다. 수치였던 몸이 영광으로 부활하지요. 약했으나 능력 있는 몸이 됩니다. 육신적인 몸이 영적인 몸이 됩니다.

Q. 부활하는 몸은 어떤 몸인가요?

A. 육과 혈고전 15:50~53이 아닌 몸입니다. 육체나 뼈가 없이 완전히 영적인 몸이 됩니다.눅 24:39 부패하지 않습니다. 썩는 대상이 아니며 영원하고 영광스럽고 능력 있습니다.고전 15:42~43 근심하며 연약했던 날은 모두 사라지며 이 몸은 모든 영적인 목적을 수행할 수 있게 되지요. 빛나며 반짝이고 눈부시게 밝아 태양 같을 겁니다.마 13:43, 단 12:3, 마 17:2, 눅 9:29를 비교해 보세요. 부활하는 몸은 다 다를 겁니다.고전 15:41~42 우리가 하나님의 아들로 입양되는 마지막 완성이지요.롬 8:23 겉으로 보기에도 우리가 하나님의 아들이라는 점이 드러날 겁니다. 예수님은 성육신하기 이전에 **하나님의 형체**로 계셨습니다.빌 2:6 이 말인즉슨 하나님의 현현이라는 겁니다. **형체**라고 번역한 단어는 겉모습을 말합니다. 시야에 드러나는 외적 형태입니다. 우리 역시 부활하면 하나님과 같은 형체를 갖습니다.골 3:4, 요일 3:2

68. 상급 Rewards

Q. 그리스도인이 상을 받으려고 일해도 되나요?

A. 그렇습니다. 성경은 계속해서 열심히 섬긴 우리가 현재와 미래에 받을 상을 말합니다. 예수님이 직접 하늘에 보물을 준비하신다고 말씀하셨습니다.마 6:19~21 물론 그리스도인은 단순히 상 때문이 아니라 예수 그리스도를 향한 사랑으로 일해야 합니다. 하지만 마땅히 상을 기대할 권리가 있습니다. 그리고 그 상은 열심히 섬긴 사람에게 주어지는 커다란 보상이지요.

69. 하늘나라 Heaven

Q. 하늘나라는 실재하는 장소인가요, 아니면 혼의 상태인가요?

A. 예수님은 직접 하늘나라가 장소라고 말씀하셨습니다. 요한복음 14장 2절입니다. **나는 너희를 위하여 처소를 마련하러 가노라.** 여기에 대해 다음 구절에서 이 장소가 마련되면 다시 와서 자신이 계시는 곳으로 데려가겠다고 말씀합니다. 예수님이 지상을 떠나 원래 계셨던 하늘로 가시는 모습을 통해 명확히 알 수 있습니다. 요 13:3, 행 1:9~11, 엡 1:20~21

하늘나라가 축복의 장소인 이유는 단지 그곳의 특징 때문만은 아닙니다. 하늘나라에 들어가는 사람의 마음 상태 역시 커다란 복을 받기 때문이지요. 하지만 어찌 됐든 하늘나라는 한 장소입니다. 우리가 상상할 수 없을 정도로 아름다운 장소입니다. 지구상의 어느 곳도 비교 불가합니다. 지금 우리 상태로는 모든 감각과 인식 능력이 죄와 죄에서 비롯한 질병으로 점철되어 있습니다. 하지만 구속받을 새로운 몸은 모든 감각과 능력이 완벽하게 존재합니다. 지금의 몸과는 다른 새로운 감각이 생길지도 모르겠습니다만, 당장은 상상할 수 없군요. 지상에서 보았던 가장 아름다운 풍경도 **기초들이 있는 한 도성**히 11:10에 비할 바가 아닙니다. 하늘나라는 모든 저주와 해가 없는 곳입니다. 천한 일,

고된 노동, 질병과 고통, 죽음, 장례식, 이별이 없는 장소입니다. 계 21:4, 살전 4:13~17 무엇보다도 죄가 없습니다. 우주적이고 완전한 지식과 사랑이 가득하며 찬양이 끊이지 않는 곳입니다. 고전 13:12, 요일 3:2, 4:8, 계 7:9~12 아름다운 선율과 곡조가 넘치는 나라입니다.

Q. 하늘나라에 가기 위해서는 어떻게 해야 합니까?

A. 하늘나라에 가기 위해서는 예수 그리스도를 구주로 믿어야 합니다. 그분을 주인으로 모셔야 하고 공개적으로 그분을 믿는다고 고백해야 합니다. 예수님은 이렇게 말씀했습니다.

나는 길이요 진리요 생명이라. 나를 말미암지 않고는
아버지께로 올 사람이 아무도 없느니라. 요 14:6

나는 그 문이라. 누구든지 나를 통하여 들어가면
구원받을 것이며 요 10:9

예수 그리스도를 영접하면 즉시 하나님의 자녀이자 상속자가 되며 예수 그리스도의 뒤를 잇습니다. 요 1:12, 롬 8:16~17

다음과 같은 질문을 통해 자신이 하늘나라로 가고 있는지 알 수 있습니다.

"나는 예수 그리스도를 영접했는가?
그분이 내 죄를 지시고 십자가에 매달린 몸으로
그 죄를 담당하셨다는 사실을 받아들였는가?"

관련하여 이사야 53장 6절, 베드로전서 2장 24절, 갈라디아서 3장 13절을 보기 바랍니다. 예수 그리스도께서 내 죄를 제거하도록 한 하나님을 믿고 있나요? 그리스도를 내 주인으로 받아들였습니까? 내 마음을 내어드려 나를 새롭게 하시도록, 내 생명을 내어드려 모든 부분에 있어 나를 이끌도록 했습니까? 기회가 생길 때마다 그분이 내 구주이며 주인이라고 고백했나요?

이 질문에 '그렇다'고 답한 사람이라면 자신이 하늘나라로 간다는 사실을 알 겁니다. 물론 예수님을 정말로 영접한 사람이라면 날마다 그분의 말씀을 공부하여 말씀에서 드러난 하나님의 뜻을 알고 실천함으로써 그 사실을 증명하겠지요.

Q. 성경은 하늘나라로 인도하기에 충분한 책인가요?

A. 충분합니다. 성경은 우리 각자에게 하늘나라라는 장소가 어떤 곳이며 어떻게 갈 수 있는지 알려주는 책입니다. 성경이 제시하고 있지 않은 다른 방법을 알 필요가 없습니다. 성경은 이 세상에서 예수 그리스도를 계시하는 유일한 책이며 예수 그리스도 그분이 하늘나라로 가는 길이십니다. 요 14:6

Q. 하늘나라에 가면 서로 알아볼까요?

A. 거의 확신하건대 그럴 겁니다. 바울 사도가 데살로니가 지역의 성도들에게 쓴 편지를 보면, 먼저 떠나보낸 사람으로 슬퍼하지 말라고 말합니다. 잠시 떨어져 있는 것일 뿐 영영 보지 못하는 게 아니기 때문입니다. 살전 4:13 바울은 예수님이 직접 다시 오시어 가장 먼저 잠든 성도들을 깨울 거라고 말합니다. 그러면 살아 있는 우리 역시 몸이 변화되어 공중에 계신 주님을 만나러 간다고 알려주지요. 살전 4:14~18 이렇게 말한 이유는 우리가 하늘에 올라가면 먼저 눈을 감았던 다른 그리스도인을 만나기 때문입니다. 모세와 엘리야가 변형산에서 나타났던 사건을 생각해보세요. 이들은 서로 알아보았습니다. 마 17:1~4 살아생전 본적 없는 사람도 누군지 알아본다면 당연히 알고 지낸 그리스도인도 서로 알아볼 겁니다!

Q. 사랑하는 사람이 지옥에 간 사실을 알고서 어떻게 하늘나라에서 행복하게 지낼 수 있습니까?

A. 행복하게 지낼 수 있습니다. 그리스도인의 진정한 최상의 기쁨은 예수 그리스도 안에 있는 것입니다. 마 10:37 내가 살면서 가장 사랑했던 사람에게 부었던 사랑은 그리스도를 향한 사랑에 비할 수 없습니다. 예수님은 자신을 정말로 알기를 갈망하는 모든 마

음을 부족함 없이 채우실 겁니다.

더욱이 사랑하는 사람이 지옥에서 최후를 맞이한다면 결국 그 사람이 그리스도를 끝까지 거부하고 우리 사랑의 가장 고귀한 대상인 그분을 발아래 짓밟았기 때문입니다.히 10:29 그런 사람은 자신의 선택에 따라 마귀와 그의 천사와 함께 있을 겁니다. 우리 역시 이점에 있어서 정의와 필연을 인지하게 될 거고요. 복음을 받아들이지 않는 친구나 사랑하는 사람 때문에 영원한 형벌을 믿지 않는 사람이 많습니다. 하지만 사실을 받아들이는 편이 낫습니다. 그 사실이 얼마나 불편하든 있는 그대로 받아들이고 서둘러 저주로 달려가는 사람을 건져내기 위해 노력하세요. 눈을 가리고 사실을 가리며 말싸움만 하는 것보다 훨씬 낫습니다. 예수 그리스도를 가장 사랑한다면, 마땅히 그분을 사랑한다면, 마땅히 그분의 영광과 권리를 안다면 가장 친한 친구에게라도 이렇게 말해야 합니다. '네가 예수 그리스도의 복음을 계속 거절하다가 죽는다면 영원한 형벌은 피할 수 없단다.' 사람이 죄를 지어 하나님의 끔찍한 분노를 샀다고 하더라도 하나님은 여전히 자비를 베푸시며 사람을 구원하기 위해 자기 아들을 희생하는 엄청난 값을 치르셨습니다. 그럼에도 불구하고 자비를 경멸하며 하나님의 아들을 짓밟는다면, 그래서 영원한 형벌에 처한다면 그 모습을 보는 모두가 이렇게 말할 겁니다.

아멘. 주의 심판들은 참되시며 의로우시니이다.계 16:7